村岡到編　宗教と社会主義との共振

まえがき

コロナ禍が全世界で深刻な状況を生み出している。経済も甚大な打撃を受け、日常生活も変容しつつある。社会の下層をなす人びとは生活の維持すら困難となり、安静な心の保持に気を使うことが多くなり、宗教への関心も広がっている。人類全体が深刻な〈試練〉に掛けられている。

一九世紀の思想家マルクスは「宗教はアヘンだ」と書き、大きな影響を及ぼした。本書はこの考え方を偏狭なドグマとして超克する立場から〈宗教と社会主義との共振〉という新しい方向を打ち出す試みである。

一五年前に私は、一九一七年のロシア革命直後に、革命を主導したレーニンが教育人民委員（文部大臣）に「建神主義」のリーダーであるルナチャルスキーを抜擢したことに着目し、「社会主義と宗教」という問題意識を抱き（「宗教と社会主義――ロシア革命での経験」：『悔いなき生き方は可能だ』ロゴス）、近年、〈宗教と社会主義との共振〉にたどり着いた。この数年間、私が編集長を務める季刊『フラタニティ』を根城にして何人かの宗教者や哲学者のインタビューや寄稿を得ることが出来た。それらは、私の提起に呼応するものであり、なお小さな規模ではあるが、やがて渦巻きになる可能性を秘めていると、私は確信している。

本書には、それらの中から次の六人の方に元論文に加筆していただいたり、そのまま収録させていただいた。

北島義信（浄土真宗僧侶）、亀山純生（親鸞研究者）、下澤悦夫（キリスト者・元裁判官）、鹿子木旦夫（大本教幹部）、二見伸明（創価学会員・元衆議院議員）、碓井敏正（哲学者）。

私自身の論稿としては、八年前に発表した親鸞についての小論などを収録した。

本書が、心の平安を求める宗教に関心を抱き、あるいは社会の変革を意欲する人たちに読まれ、知的好奇心と探究をめざす道へと進むきっかけになることを強く望みます。

二〇二〇年一二月一日

村岡　到

＊頁数の関係で『扉』頁を省略しました。
＊人名の敬称は統一されていません。
＊引用文献の表示形式は統一されていません。
＊数字は引用文献でも和数字に替えた部分もあります。
＊村岡到の著作、編著でロゴス刊行のものは、「ロゴス」の表示を外しました。
＊カバー写真は井口義友（別海）

宗教と社会主義との共振　目次

目　次

現代における宗教の役割と社会主義

北島義信

はじめに

日本の仏教では、釈尊入滅二〇〇〇年後の一〇五二年から「末法」の時代に入るとされていた。この時代に残されているのは、仏の教えだけであり、修行をしてさとりをひらくものはいなくなる。この時代が一万年続くと言われている。この「末法」の内容は、親鸞にみられるように、「五濁（五つの濁り）」と結びつけて捉えられた。これらは、①病気・戦争などの禍が溢れること、②自己中心主義思想が盛んになること、③貪欲・怒り・愚痴によって人々が悩まされ続けること、④人々の道徳が廃れること、⑤人々のいのちが、毒に冒されて短命となることを意味する。ここには、仏教の衰退は社会・政治の崩壊をもたらすことが示されている。

われわれは、この世界的規模の「末法時代」の真っただ中にいることになる。事実、戦争法強行に道を開く集団的自衛権容認のための「憲法解釈の変更」、佐川宣寿元理財局長らの森友学園をめぐる公文書改ざんの背任罪・公文書変造罪などの不起訴（二〇一八年五月三一日）、黒川宏務東京高検検事長の定年延長閣議決定（二〇二〇年一月三一日）と「賭けマージャン」による黒川氏の辞職など、安倍晋三前首相との関連が大きく疑われる政治的事件が頻繁に起きている。経済の分野においても、日本で新型コロナウイルス感染が広がった「二〇年一～三月期に金融業や保険業を含んだ大企業の内部留保は四八七・六兆円と過去最高になった。この一年に、四〇兆円近く増やしている」（『赤旗』二〇二〇年六月九日）。これらは、富と権力を独占する支配勢力の「自己中心主義」の露骨な現れであり、「末法」時代を具体的に示している。

他方、そのような現実を変革しようと立ちあがる人々の活動は、アメリカ・ミネソタ州ミネアポリスでおきた白人警官による黒人男性殺害に対する抗議に見られるように、一九六〇年代の「公民権運動」以来の広がりをみせ、平和な抗議デモは「全米三千～四千地域に広がり『米史上前例のない規模』になった」（『中日新聞』二〇二〇年六月二〇日）。この背後には、人種差別に基づく経済格差が存在し、平均的な黒人世帯の財産は白人世帯の十分の一といわれ、新型コロナウイルス感染症の拡大の中で、黒人の失業率が増加しているという現実がある。アメリカで起こった人種差別反対行動は、アメリカのみならず、韓国、オーストラリア、イギリス、フランス、カナダ、日本などにも広がっている。そこには「沈黙は誤り」「沈黙は犯罪」という主体性・倫理性を問うスローガンもみられる。

このように、「末法時代」における現実世界は、理不尽で非人間的な、人々を絶望へと突き落とす過酷な現実と、その内部にはそれを打ち破り、人間疎外を回復させる方向性とが一体となった世界である。このような世界には、「沈黙は罪」というスローガンに見られるように、現実を主体的・倫理的に捉えて行動を呼びかける方向性も現れている。

現代社会には、「末法時代」と構造的に共通する点が多くみられるが、一三世紀の「末法時代」に正面から向き合い、未来を切り開いた人物の一人が宗教者・親鸞である。

1　親鸞の仏教思想

A　親鸞の現実認識

一三世紀に生きた親鸞は末法時代における現実世界を「化身土」として捉えた。「平安仏教」を代表する比叡山延暦寺・高野山金剛峰寺と興福寺をはじめとする「南都六宗」が合体した「八宗」連合がすでに形成されており、この宗教勢力と世俗的政治権力との相互補完体制が、政治的・イデオロギー的に人々を支配していた。「顕密体制」と呼ばれるこの政治体制は、中世国家体制が形成される一一世紀中期には確固たるものとなっていた。右記の宗教勢力と世俗政治権力は巨大な荘園を所有し、武力も備えているという共通項をもっていた。また宗教勢力は日本的密教を基軸として、「大和政権」以来、世俗的政治権力のイデオロギーの基盤となっていた神祇信仰と仏教とを融合させ、世俗権力をイデオロギー的に強固に支えた。

この体制を根本から批判する仏教が「鎌倉新仏教」であり、その最も強力な批判者の一人が親鸞であった。このような「顕密体制」の支配する非人間的世界は、真実世界とはいえない。しかし、親鸞は現実世界の内部には、内からそれを突き崩す真実世界が、存在していることを把握した。この真実世界を親鸞は「真仏土」(浄土世界)と位置付けた。親鸞は現実世界を「化身土」と呼んだが、「化身土」とは、その世界を真実化しようとする「真仏土」の一部が内に含みこまれた世界なのである。「化」とは、仏教では真実ではないことを意味すると同時に、それを真実へと変革することを意味する。

親鸞の現実認識の基底にはこのような「二重化・非分離」の思想が存在する。このような思想は、経典の主体的把握の在り方とも一体のものである。彼は経典の「二重化」を「顕彰（けんしょう、経典の表に現れている意味）・隠密（おんみつ、経典の隠された真実の意味）」と呼び、人々を真実へと向かわせるための「方便」として前者を捉えた。前者は煩悩的自己の「願望」に合致する。しかし、それをさらに深めると、その内容自身が真実ではない、単なる自己弁護にすぎぬものだと気づかされる。そこから新たな、自己中心主義を超える、真実（経典の真実の意味）の把握への歩みが始まる。前者と後者は一体のものであり、親鸞は、自力（自己中心主義）による「さとり」と「救い」の不可能性を把握させつつ、他力念仏（外部性としての阿弥陀仏のはたらきによる「めざめ」）の道を示した。親鸞は自己の取り組むべき時代的課題と経典とをつなぎ、経典のことばを二重化させ、そこに現実変革の思想を見出した。これこそが末法の世において唯一残された「仏の教え」の現代化だと親鸞は考えた。

B　親鸞における人間の主体化の論理

阿弥陀仏のはたらきによる「めざめ」は、どのようにして可能となるのであろうか。親鸞は、個物の二重化によって仏の声を聞くことによって、それが可能となることを、次のように述べている。『大阿弥陀経』に説かれている。〈わたしが仏となったときには、わたしの名号（南無阿弥陀仏）をすべての世界の数限りない多くの国々に聞こえわたらせ、仏がた（諸仏）に、それぞれの国の比丘（びく）たちや大衆の中で、わたしの功徳や浄土の善を説かせよう。それを聞いて神々や人々をはじめとしてさまざまな虫のたぐいに至るまで、わたしの名号を聞いて、喜び敬う心をおこさないものはないであろう〉」（『顕浄土真実教行証文類（現代語版）』「行文類」、本願寺出版社、二二二頁）。

阿弥陀仏は、「南無阿弥陀仏」の名号の意義（すなわち自己中心主義のおろかさへの気づき）を現実世界において、具体的な個別的存在者となってわれわれの目の前に立ち現れる諸仏を通じて、すべての存在者に語りかける。落下するリンゴに万有引力の存在を知ることができるように、自己の外部性としての個物である「他者」を二重化し、人間はそこに仏の呼び声を聞くのである。親鸞は『唯信鈔文意』（一二五〇年）で次のように述べている。「……仏性すなはち如来なり、この如来、微塵世界にみちみちたまへり、すなはち一切群生海の心（しん）なり」。親鸞によれば、現実世界におけるすべての具体的個物的存在（一切群生）は絶対者の自己限定化されたものである。それゆえ、現実世界において、個物に仏の呼び声を心の耳で聞くことができるのである。そのためには、つねに現実世界から眼をそらせることなく、精神的かつ社会的解放を求めて人々とともに生きる努力が必要である。ラテンアメリカの解放の神学者、グスタボ・グティエレスが『解放の地平をめざして』（一九八四年）で述べているように、「貧しい人々」に献身するとき、「貧しい人々に顔に顕われ、またかくされている主との出会いを体験する」ことができるのである。

このようにして、仏の呼び声を聞いた者は、古い自己中心主義的価値観が崩壊し、自己を見つめる新たな自己の誕生に喜びを感じ、新たな人生を主体的に歩むことが可能となる。このようなめざめを得た人々は、この世での命が終われば仏となることが定まっている人々、すなわち「現生正定聚（げんしょう・しょうじょうじゅ）」とよばれる。これらの人々は一五世紀中期には、具体的に自治的共同体としての惣村や寺内町を形成し、そこにおいて他者救済につながる共生活動がいささかでもできるようになる。ここに、親鸞の『御消息』（一二五二年四月）に述べられているような、〝めざめた者は信心の「しるし（微）」を行動において示せ〟という言葉が社会において具体化する姿を見ることができる。

親鸞は、第一に、自己中心主義を超え新たな自己を誕生させることを可能ならしめる、「縦軸」としての阿弥陀仏のはたらきと自己との関係を、「往相回向（おうそう・えこう）」として明確にしている。第二に、親鸞はそこにとどまることなく「横軸」としての、人々の連帯と他者救済活動を「還相回向（げんそう・えこう）」として捉え、真実にめざめた人々は「縦」「横」の交差点に生きるべきことを主張する。現実世界において、人間が行う他者救済活動は、決して十分なものではありえない。それは、人間が完全者（仏）ではないからであり、そのために仏のたすけが必要なのである。親鸞における「還相回向」とは、浄土世界を見たものが現実世界に還（かえ）った「還相の菩薩」として、この社会において、仏のたすけ（回向）を得て、不十分ながらも他者救済活動を行えることを意味する。このように、親鸞は「縦軸」と「横軸」の交差点に立つ人間を、「現生正定聚」として一元的に位置づけることによって、大乗仏教の基本的視点である「願作仏心（「さとり」をひらこうとする心）」と「度衆生心（人々を救済しようとする心）」の一体性を捉えるのである。

2 南アフリカの反アパルトヘイト神学

一三世紀に生きた親鸞と、アパルトヘイト体制と闘う一九八〇年代の神学者・聖職者には、宗教と社会を分離せず、人間の救いを現世に位置づけるという点において、共通性が存在する。彼らは、次のように主張した。「イエスは抑圧のくびきの下で苦しむすべての人々を解放するために闘う、抑圧された人々の一人であった。それゆえ、イエスがその時代の問題と取り組んだ、その精神において、われわれの時代の問題に取り組むことが大切だ」。彼らの神学は「状況神学」と呼ばれるものであり、全人種平等主義を掲げ、一九八〇年代の反アパルトヘイト運動を導き、労働組合、社会主義者、アフリカ民族会議などと連帯して、一九九四年にアパルトヘイト体制を非暴力によって撤廃させる原動力になった。

しかしながら、宗教はつねに社会進歩に貢献してきたわけではない。それは、西洋においても、日本においても権力と一体化し、民衆に背を向け、侵略に積極的に加担してきた「負」の歴史をもっている。宗教者の平和運動には、このような過去の歴史の「懺悔」に基づく、新たな主体的人間としての決意と行動が必要である。南アフリカにおいて、一九八五年出された『カイロス文書』は、その好例であろう。集団討議を経て出された、白人、黒人、「カラード（混血）」の聖職者一五一名の署名のある『カイロス文書』は、黒人・有色人支配を合理化してきたキリスト教の批判的検討を踏まえて、アパルトヘイトをめぐる闘いは、第一に、抑圧者と被抑圧者の闘いであるという位置づけを行う。そして、この立場から、南アフリカにおける神学を、①国家神学、②教会神学、③預言者的神学に分類する。国家神学とは、アパルトヘイト体制を神学的に合理化し、それに積極的に加担する神学である。教会神学とは南アフリカの圧倒的多数を占めるキリスト教徒の信仰を代表していないにもかかわらず、メディアにおいては教会の公的意見と見なされているものである。この神学の問題点は「和解観」にある。この「和解観」は、アパルトヘイトの現実が、正義と不正義、被抑圧者と抑圧者、神と悪魔の対立であることを見ずに、反アパルトヘイト運動の側にも、国家にも抽象的和解を説くことによって、体制に加担するものである。ここには、和解には正義が前提であるがゆえに、「加害者」としての体制がまず悔い改めるべきであるという立場が欠けている。これらの神学の克服のうえに成り立つのが、「預言者的神学」である。

「預言者」とは、日本キリスト教団八戸北伝道所・岩田雅和牧師が述べているように、「たとえ苦難を伴うとも、内なる力に迫られて神の言葉を語らざるをえない」人、「社会的不正義に対してイスラエル宗教の精神を発揮しない者、倫理的行いから遊離してしまった宗教の形骸化に対して、真の宗教の霊性的原理に立ち帰るべく、人々に呼びかける」人である。(『フォーラム』第二六号、原子力行政を問い直す宗教者の会、二〇一四年二月一〇日)。

南アフリカの「預言者的神学」は、このような立場に立って、アパルトヘイト体制を国民の敵＝暴君、神の敵と位置づけ、この暴君を権力からはずして、すべての国民の共通善のためのまともな政府の建設のために、非暴力的な消費者のボイコット運動、在宅ストライキを呼び掛けた。

一九八〇年代の反アパルトヘイト運動においては、すべての政治活動が抑圧・禁止される中で、キリスト教聖職者が前面に現れ、人々を勇気づけた。彼らが掲げる、全人種平等主義を基盤にした「統一民主戦線(UDF)」が、「南アフリカ・オランダ改革派伝道教会」のアラン・ブーサック師の提唱のもとに、一九八三年に結成され、反体制の非暴力活動が展開された。この反アパルトヘイト組織は、一九八五年にはその構成員も三〇〇万人に達し、「南アフリカ労働組合会議」も行動を共にした。一九九〇年以降は、アフリカ民族会議・南アフリカ共産党等が合法化され、全人種平等主義をかかげる反アパルトヘイト運動はさらに拡大し、一九九四年にはアパルトヘイト体制が非暴力によって撤廃された。

3　戦後日本における宗教と社会変革

日本における宗教教団が社会・政治的課題に関りを持つようになったのは、一九六〇年代後期の「靖国」問題である。一九六九年三月には、「東西両本願寺宗務総長名をもって『靖国神社法案に関し政府自民党に対する要請』が発表され、同じく四月に真宗教団連合（浄土真宗一〇派からなる連合組織）が発足すると共に、教団連合の名において『同法案に対する見解』を発表し、同法案に反対する真宗教団の姿勢を内外に明らかにした。この真宗教団連合の積極的な態度が全日本仏教会を動かし、広く仏教各宗が法案に反対するイニシアチブを示した」（鈴木徹衆『信仰・宗派の違いをこえて』新日本出版社、二〇一二年、一六六頁）。同年五月には、国家神道復活につながる「靖国法案」に反対する宗教界六七団体声明が出され、反対署名数も二千万名を超えた。この反対運動は、政教分離・信教の自由を基軸として、真宗教団連合、日本基督教団、全日本仏教会、新日本宗教団体連合会、立正佼成会、創価学会、日本基督教協議会などが連帯したもので、画期的なものであった。この運動において、宗教教団と共産党、社会党、公明党、総評、日教組、憲法会議等との共闘が初めて実現した。

この法案は、一九六九年八月五日に廃案となるが、以後、一九七〇年、一九七一年、一九七二年、一九七三年の延べ合計五回に渡り、執拗に提案された。しかし、いずれも廃案となり、一九七五年には法制化を断念する。これ以後、「靖国神社国家護持」勢力は、「公式参拝」へと路線変更をおこない、この積み上げによって「国家護持」実現を図ろうとした。これを徹底させたのが、一九八五年八月一五日におこなわれた、中曾根康弘元首相の「公式参拝」であったが、自民党を除くすべての政党から、抗議・遺憾の声明などが出され、また「宗教界では、全日本仏教会、真宗教団連合、日本キリスト教協議会、日本カトリック司教協議会、日本バプテスト連盟、日本新宗教教団連合会などから抗議、反対、要望等が出された。それらの内容は様々であるが『公式参拝』は日本国憲法に違反するから反対である、との趣旨は一致していた」（小泉純一郎首相靖国神社参拝違憲九州・山口訴訟団編『参拝したら違憲』明石書店、二〇〇四年、一九七頁）。

一九六〇年代後期〜一九七五年にわたる反靖国運動は、憲法擁護を共通項として、宗教教団・宗教者と政党やその他の諸組織の共闘によって、成功したのであったが、その中心的役割を果たしたのは宗教教団・宗教者・信徒であった。宗教者にとって、「反靖国」運動は宗教の基本的視点を忘却した社会政治運動ではなかった。この運動が「中曾根首相靖国神社公式参拝」（一九八五年）反対運動へと継承される中で、教団・宗教者・信徒たちは、しだいに自らが宗教の本質に反して侵略戦争に協力していたこと、その原因は信仰を「絶対者と自己」という「縦軸」の関係にのみに限定し、「横軸」として他者との連帯、社会性が理論的に欠落していたことにあることを反省し、加害者としての自己責任を深め始めた。浄土真宗の僧侶・門徒たちは、親鸞が『顕浄土真実教行証文類（教行信証）』「信文類」で述べている、父親を殺害した阿闍世（あじゃせ）王子の回心と他者救済行動を自己の生き方と重ね合わせ、教団の犯した罪を懺悔し平和実現のために立ち上がる決意をしたのであろう。

最も早い、戦争協力への宗教者の自己批判は、「第二次大戦下における日本基督教団の責任についての告白」（一九六七年）であるが、「戦後五〇年」に向けて、一九九〇年代の初めに戦争協力・アジアの植民地化への協力に対する罪の告白・懺悔と平和建設への行動の宣言が、真宗大谷派（一九九〇年）、浄土真宗本願寺派（一九九一年）、曹洞宗（一九九二年）からほぼ同時期に出された。これは偶然ではなく、二〇年にわたる反靖国運動の成果であるといえる。

宗教教団・宗教者が信仰を社会と結合させた運動を展開するとき、社会変革の課題が現れる。その場合、社会変革を掲げる社会主義との関係を検討せざるをえなくなる。

4　宗教と社会主義

A　宗教と現実変革

宗教と社会主義の関係は、一般的には対立的に捉えられ、社会主義思想は宗教を否定的に見る傾向が強かった。その「根拠」としてよく言及されるのが、「アヘンとしての宗教」である。マルクスは「ヘーゲル法哲学批判序説」において次のように述べている。「宗教上の不幸は、一つには実際の不幸のあらわれであり、一つには実際の不幸に対する抗議である。宗教は、なやんでいる者のため息であり、また心のない世界への心情であるとともに精神のない状態の精神である。それは、民衆のアヘンである。幻想のなかで民衆の幸福をあたえる宗教を廃棄することは、現実のうちに民衆の幸福を要求することである」（大内兵衛・向坂逸郎監修『マルクス・エンゲルス選集第一巻』『ヘーゲル批判』新潮社、一九七二年、三三頁）。

宗教には、現実の不幸とそれに対する抗議が反映されている。しかしそれが、「現実」と切り離された「空想」への逃避となるかぎり、不幸の原因を現実世界に求め、それに立ち向かうことは生まれない。宗教がこのような役割を果たす限り、民衆にとってそれは「アヘン」となる。これを利用するのが、世俗的政治権力であり、イデオロギー的にそれを支えるのが、権力と一体化した宗教教団である。したがって、人々を「幻想・空想」へとさそう宗教を拒否し、現実世界へと目を向けることが必要である。この視点は、フォイエルバッハの『キリスト教の本質』にみられる基本思想の一つであり、マルクスはそれを踏襲している。フォイエルバッハやマルクスが否定しているのは、このような宗教である。南アフリカ共産党・故ジョー・スロボ委員長は、「マルクス主義の反宗教的な姿勢は、あくまでも、特定の宗教の名の下になされた特定の罪に対する批判として生まれたもの」であり、全ての宗教の否定を意味するものでないことを明言している（チャールズ・ヴィラ・ヴィッセンシオ『南アフリカの指導者、宗教と政治を語る』本の泉社、二〇一二年、三八二頁）。

南アフリカの『カイロス文書』が示している、アパルトヘイト体制擁護の「国家神学」「教会神学」こそ、このような否定されるべき宗教なのである。『預言者的神学』とは、「幻想の中で民衆の幸福を与える宗教を廃棄」し、「現実のうちに民衆の幸福を要求する」神学であり、それは宗教や人種の差異を越えて、南アフリカ共産党、アフリカ民族会議、労働組合との連帯を掲げる「神学」である。現実に、この神学は非暴力によるアパルトヘイト運動の連帯の中心的役割を果たした。このような神学は、マルクスが否定した宗教ではない。

日本において、靖国問題を通して一九六〇年代後半から顕著となった、信仰と現実世界を一体化させる宗教教団・宗教者の取り組みも、「戦後五〇年」を迎えるにあたっての戦争協力の自己批判へとつながった。また、侵略戦争も原発問題も、共にその根底には国家を絶対化した、批判を許さぬ「国策」があることを見抜くことによって、原発立地阻止の運動こそが、戦争協力の懺悔の行動であり信仰回復だと捉える信仰者を連帯させた。このような立場に立った運動の具体例を「能登反原発運動」にみることができる。「真宗大谷派能登反原発の会」や「原子力行政を問い直す宗教者の会」を中心とする運動は、一九八九年には、立地調査を中断させ、二〇〇三年一二月には、北陸・中部・関西の三電力会社の原発計画を凍結させた。また、二〇〇一年の小泉首相の靖国参拝に対して、宗教者をはじめ、「在日外国人や在韓・在米の戦没者遺族らを含めた約二〇〇〇人が、国・小泉首相・靖国神社らを被告として全国六か所の裁判所に、『小泉首相靖国参拝違憲訴訟』を起こした。『靖国問題』で、民衆が『国民』の境界を越えて、共同原告として違憲訴訟を起こしたのは例がない」(岩波新書『靖国の戦後史』一九九頁)。二〇〇四年四月の福岡地裁での判決は、小泉首相の靖国神社参拝は「憲法二〇条第三項に反する」ことを明らかにした。

宗教者の反原発運動は今日も継続されており、「宗教と平和」（第六一五号、二〇二〇年六月一〇日、日本宗教者平和協議会）によれば、二〇二〇年三月九日には、「原子力行政を問い直す宗教者の会」を中心として、二一一名の宗教者が日本原燃の青森六ケ所村の核燃料サイクル事業廃止を求める裁判を、日本最大のエネルギー消費地である東京の地裁に提訴」した。また、四月二一日の安倍前首相ら閣僚による靖国神社春季例大祭への真榊奉納に対しては、「日本キリスト教協議会靖国神社問題委員会」は、同月三〇日に抗議声明を発表した。五月一四日～二〇日には、黒川弘務東京高検長の違法定年延長を追認させる「検察庁改正案」に対する抗議声明が、日本福音ルーテル教会社会委員会、日本カトリック正義と平和委員会、天理平和の会、日本宗教者平和協議会、などから出された。このように、社会政治と信仰を一体化させる取り組は継続している。これらの宗教者の行動は、社会主義者のそれと共通するものである。

B　宗教と社会主義の共存

私は、一九六三年に大阪外国語大学インド語学科に入学し、ヒンディー語とインドの文化を中心に学んだ。かつてイギリスによって植民地化されたインドから、自由平等を掲げつつも容赦なくインド人を弾圧する「西洋近代」の本質をみる視点を深めるなかで、差別・抑圧を根絶し平和な社会実現を目指す社会主義思想に出会い、それに深い感銘を受けた。

他方、大学入学以前には、これとは異なる土着的宗教文化の中にいた。私は四日市市の西方の、農業地帯にある真宗寺院に生まれたが、その地域では、浄土真宗が圧倒的に優勢で、住民のほとんどが真宗門徒であり、共同体の生活と浄土真宗は一体化していた。

浄土真宗を基軸とする共同体の生活から私が得たものは、自己の絶対化の拒否、価値観の異なる者との共生、非暴力、自己超越による自己を見つめる新たな自己の誕生の喜び、他者優先と他者への奉仕、ものごとの非分離性・相互関係性の重視であった。この基本には絶対者の存在の承認があり、この点は社会主義思想とは異なっている。しかし、宗教と社会主義を「二分化」し、違いのみに固守すべきではない。なぜなら、内容において両者は相互につながりあっているからだ。宗教の固有性は、相対的なものであり、私は資本主義社会の根本問題を科学的に解き明かそうとする社会主義思想に深い感銘を受けつつも、浄土真宗を拒否することはなかった。私にとって生活に根差した浄土真宗と、差別のない平等な世界を目指す社会主義は、自然な形で相互に影響しあう関係にある。重要なことは、両者の共通項を明らかにすることである。

5　宗教と社会主義の共通項と共振

宗教と社会主義は敵対しあうものではなく､平和な世界の実現に向かって協力し合うものである。この両者の共通項を概念的に明確にすることが、社会変革のためには必要である。

南アフリカの反アパルトヘイト運動においては、土着の「ウブントゥ」思想が、宗教者と社会主義者を結び付けた。「ウブントゥ」とは、「人は他者を通して人間となる」という諺が示すように、人間が人間となるためには他者が必要であり、人間であることは相依であること、関係性においてあることを意味し、地位、人種、業績等によって人間になることではない。具体的人間は、男女、老少、キリスト教徒、ヒンドゥー教徒、イスラーム教徒、ユダヤ教徒、社会主義者としてそれぞれ異なっている。しかしそこには、「ウブントゥ」が通底している。異なるもの同士の相互関係性を示す「ウブントゥ」概念は、仏教の「空・縁起」、イスラームの「タウヒード」、聖書の「一つの体、多くの部分」（コリント信徒への手紙一一二）と共通するものである。南アフリカの「ウブントゥ」という土着の概念は、一九八〇年代以降、全人種平等主義の立場に立つ解放運動の中で定着し、敵対者をも包み込み、非暴力による民主的な南アフリカ共和国を成立させることに貢献した。「ウブントゥ」思想の中核にある「相互依存性」は、今日の世界において、宗教者の共通基軸ともなりうる概念である。女性社会活動家のテリ・ギッブスは自著『なぜダライラマは社会主義者なのか』（ゼッド・ブックス、二〇一七年）において、現実変革における宗教（仏教）と社会主義思想の共通概念として「疎外からの解放」「相互依存性」「慈悲」をあげ、説得的にその具体的内容を展開している。

日本において、一九七〇年代前期には、宗教教団・宗教者は「靖国問題」を契機にして、広範な社会運動組織や諸政党とも連帯を構築するようになり始めた。この時期の一九七四年一二月に、日本共産党と創価学会の間に「創共協定」が結ばれた。この協定は、「平和と核兵器全廃」を共通目標に掲げ、価値観の異なる者同士が平和で平等な共生社会の構築を考える画期的なものであった。ところがこの協定については、あまり注目されていない。唯一、村岡到氏の著書『「創共協定」とは何だったのか』（社会評論社、二〇一八年）が、この協定の今日的意義を正確に把握し、社会主義と宗教の視野の拡大、連帯の在り方を説得的に解き明かしている。村岡氏は「創共協定」について次のように述べる。「公称七五〇万世帯の巨大な宗教団体と革新勢力の一翼をなす、党員三〇数万の政党（当時）とが、それまでは対立・抗争も繰り返していたにもかかわらず、平和と核兵器の全廃を共通の目標にして『協定』を創りあげたことはきわめて大切で重要な歴史的成果であった」。周知のように「核兵器禁止条約」は「一〇月二四日、中米ホンジュラスが批准し、五〇カ国の批准で発効が確定」した（『しんぶん赤旗日曜版』二〇二〇年一一月二二日）。ここからも明らかなように、今日において、「平和と核兵器全廃」は平和実現の最大の課題である。この発展を妨げているのが、アメリカ、ロシア、中国などのグローバルな政治支配である。この問題解決には、宗教と社会主義の連携は大きな力を発揮しうる。そのためには相互理解・尊敬・友愛に基づく両者の連帯が必要となる。池田大作会長（当時）が述べているように、宗教組織である創価学会が社会主義との共存を「人類の未来のために不可欠の文化的課題」として捉えることと、日本共産党が「宗教決議」（一九七五年）で述べているように、社会主義を目指す政治組織が「いっそう幅広い宗教者との対話、相互理解と協力、共同を目指す」ということが必要である。村岡氏の提起する「宗教と社会主義の共振」はここから始まる。平和の実現は、「政治」のみでは不可能であり、その困難さを解決するにあたっては、宗教の果たす役割は大きい。鈴木大拙は、『日本の霊性化』（法蔵館、一九四七年）において、世界平和実現のためには、核戦争による人間絶滅の「心理的恐怖」と「経済的利益を契機にした」世界平和の理念を進めて行くことのみでは、不十分であると指摘する。このような考え方は「外面的・統制的・抑圧的傾向をもっているので」不十分であり、それを克服するためには、「内心からの自主性をもった精神的推進力」が必要である。その推進力が、霊性的宗教であると鈴木大拙は主張する。また、宗教による平和の推進力を現実的なものにするためには、その内容を受け止め実行する政治的な力も必要である。村岡氏が『「創共協定」とは何だったのか』で述べた視点は、宗教と社会主義は互いに差異性をもちつつも、非分離的相互関係をもっており、相互の「共振」がそれぞれの内容を豊かにし、一体性が高まり、その力が現実を非暴力によって変えうるという指摘であり、これこそが、今日の行き詰った現実を根本から変える視点であると思われる。

結びにかえて

宗教と社会主義の共振について、次の三点が必要だと思われる。

第一点は、社会主義から宗教への問いかけである。浄土真宗を例にとってみると、絶対者と自己超越という「縦軸」の関係が強調されるあまり、信仰の喜びが自己内に特化され、外部性としての他者、社会へ広がる「横軸」への視点が弱かった。その典型的表れが「妙好人」である。「縦軸」と「横軸」の結節点に生きることが、本来の親鸞の思想であり、大乗仏教の基本視点でもある。社会変革をかかげる社会主義は、信頼関係の下に仏教に「本来の原点に立ち返れ」という呼びかけをおこない、この呼びかけを仏教者・宗教者は受けとめるべきである。

第二点は宗教から社会主義への問いかけである。それは人間観と意識変革に関わる事柄である。社会主義は、「類からの疎外」の回復を述べるが、その具体的な理論的展開は、ロシアの「建神主義」には一定みられるものの、十分とは言えない。「煩悩的存在としての人間」が、外部性としての「仏」のはたらきによって、めざめを得て、それによって他者救済を行うという考え方、「一切衆生悉有仏性（すべての人間には仏性がそなわっている）」、「物事の非分離性・相互関係性」などは、西洋近代に特徴的な、「理性」と「自己中心主義」の混同を克服し、非暴力的社会変革の基礎となりうるという点で、社会主義の内容を豊かにするものであろう。

第三点は、社会主義思想は「西洋近代」の産物であり、それ自身が人類唯一の普遍的基準ではないことである。それゆえ、時代的枠組みを超えて地域的にも広い視野に立ってその内容を再検討する必要がある。板垣雄三・東京大学名誉教授が指摘しているように、すでに西暦七世紀には、今日的課題となっている「相互関係性」、「非暴力と平和的共生」、「差異と平等の併存」、「多即一」、「あらゆる個の尊厳」、「修復的正義」等が、東・西アジアで華厳仏教やイスラームに基づいて体系化されていたということも視野に入れる必要があろう。

日本仏教が社会変革運動と「共振」しうる主体的条件
――親鸞浄土教を中心に

亀山純生

1　村岡氏の「社会主義と宗教の共振」の提起

『フラタニティ』誌の縁で初めて、村岡到氏（2017）が「社会主義と宗教の共振」を正面から提起されていることを知った。私は社会主義論には疎く、新左翼系社会主義理論家として村岡氏の名前を知るだけだったので、大変驚き、ある意味で感動した。

なぜなら学生時代に、様々なセクトの社会主義者やマルクス主義思想家から宗教アヘン論の集中砲火を浴びて辟易し、以来社会主義論とは距離を置いてきたからだ。その後日本の社会主義政党や〈正統〉マルクス主義者の中で「地上の問題」での宗教者との対話・共同論が登場したことは知っていたが、その陰で依然として、理論的宗教蔑視が強固なのに絶望してきた。曰く、「天上の問題」は観念論の幻想で思想的には原始以来の〈遺物〉に呪縛されている、将来社会では宗教は必然的に消滅する、だから、宗教は知的後進性の産物で宗教者は本質的に迷妄者だ……。私は、宗教者の根本的立脚点をこのように貶価しておいて「地上の問題」での共同を言うのは〈欺瞞〉であり、宗教（者）の単なる政治的利用になる危険を感じた。もとより、論者の多くは誠実に宗教者を尊敬していたのは理解していたが、理論的立場としてはそうだった。

そしてこの理論的宗教蔑視は、一方で社会主義理念がマルクス主義・科学主義的唯物論哲学と一体化することで〈諸理論の玉座〉に位置する故だと思った。他方で、諸個人の心の平安や生き方に関わる世界観の多様な選択という価値領域に科学主義を持ち込んで唯物論的世界観を絶対真理と言うことにより、社会主義理念を〈疑似宗教〉（神なき宗教）にしている故だと考えた。そこで、宗教を世界観の真偽に還元する認識論主義の宗教観の非妥当性を検証した（亀山 2003）。それ以来、社会主義論及び宗教との「共同」論の追跡は断念したので、最近の動向は知らなかった。

なので、村岡氏が、社会主義を経済政治システム・社会制度の問題と限定し、宗教が心（安心）の問題を主題とすることの価値を認めた上で、両方の問題の不可分性、双方の運動・思想の固有の意義と「共振」の必要を提起されたことに驚いたのである。私にはこの提起は、社会主義を昔のように〈諸理論の玉座〉や文化・価値観まで統括する〈疑似宗教〉と位置づけることを否定し、同時に、「天上の問題」など宗教固有の立脚点を尊重する立場と窺えた。それは、「資本制社会の悪弊・災悪を根本的に変革・突破する道は〈友愛〉を基礎」とするという氏の社会主義論と不可分で、恐らく宗教に〈友愛〉心の社会的定着を期待してのことと推察した。

その意味で、全面的に共感する。もとより心（安心）の問題は宗教の専売特許でなく、無神論哲学も含め芸術などでの非宗教的実現もある。また、宗教も多様で（世界観宗教、呪術宗教、儀礼宗教、教養的宗教）すべてが心（安心）を主目的とする訳ではないし、反社会的宗教も存在する（亀山2003）。その上で氏の「共振」論は、特に二一世紀に顕在化した〈孤人主義〉（人間孤立と他者排除、亀山2020）など「不安社会」化に危機感を持ち、心の安心を説く宗教、特にキリスト教、仏教など世界観宗教に期待していると思われる。

すると問題は、宗教運動や宗教者がこの期待にどう応えうるか、である。先述の如く私は、社会主義についてはは〈思考停止〉で、経済から社会制度・国家まで関わる社会主義理念は不案内である。しかし、現代社会の矛盾の基本はグローバル資本主義とそれ故の格差社会・人間疎外にあり、この根本的変革が課題だと考える。私はそれを、〈人間と自然の共生〉と〈人間と人間の共生〉を媒介的契機とする〈共生社会〉の実現と想定している。そしてそこへの共生的連帯運動には宗教の参加も有意義であり、固有の役割も果たしうると考えている（亀山他2016）。以下この観点から、日本の仏教が社会変革に主体的役割を果たしうる可能性に関して、若干述べたい。資本主義社会の転換を展望する限り、村岡氏の社会主義と宗教の「共振」論とも響き合うと願いつつ。

2　日本仏教の〈社会参加〉と課題

日本仏教はしばしば、キリスト教に比べて社会性が低いと言われる。それは、日蓮系や親鸞系の一部を除けば、各宗派・教団も信者も寺院や心の問題に閉じこもり、政治・社会運動との関わりや慈善活動が弱いとの批判を意味していた。それは宗教的に応答されるべき重要な批判である。ただ、この批判でもって日本仏教に社会的意義がないと見るのは誤りだと、まず強調しておきたい。

なぜなら、宗教は諸個人の苦の解消を目的とする実践であり、たとえ批判される意味で社会性が低くとも、人々が心理的に苦を解消し心の平安を得るならそれ自体社会的意義があるからだ。特に現代日本のように〈不安社会〉化し心を病む人が増大する中では、緊急避難的意味や臨床的意義があり、この疎外社会を主体的に生きる最低条件を担保する。それはまた、社会変革運動にとっても、不安ゆえの暴動を防ぎ、理性的な運動や「友愛」の前提条件を担保するからである。

とは言えそれが、静寂空間とか葬式法要など既成の寺院イメージや伝統儀礼に単に依存しているだけなら、心の平安は一時的に止まり単なる消費対象でしかなくなる。そしてそれは、自然との触れ合いや芸術鑑賞などでの心の平安と本質的差異はなく、仏教固有の社会的意義としては極めて消極的でしかない。そして、近年顕著な葬式の仏教離れが象徴するように、このレベルでの仏教の社会的意義は希薄化している。

そうした中で仏教界でも、engaged Buddhism の影響もあって、改めて仏教の社会的意義を問い直す機運が高まり、〈仏教の社会参加〉が追求されてきている。葬式見直しを始め、東北大震災以後盛んな被災者救援ボランティア、傾聴ボランティア、子ども食堂や社会的弱者支援、市民の心の悩み相談に応ずる坊主バー・お寺カフェなど。さらに、従来も実績があった学校・保育園に加えて、社会福祉施設や病院でのターミナルケアも強化されている。また社会運動でも環境保護運動や、北島義信氏（2020）が紹介する反原発や反戦・反差別運動も進められている。

このことは仏教（者）も共生社会実現運動の一翼を担う可能性があることを示しているし、仏教界からも「仏教共生学」や仏教的共生運動との位置づけもある（鍋島他 2011、竹村 2016 等）。それは共生社会運動・社会変革運動の立場からは大いに歓迎すべきことだが、宗教サイドにとっては問うべき重要な問題が残されている。

それは、オウム真理教事件と阪神淡路大震災への仏教界の対応を批判した山折哲雄氏（1995）の提起である。氏は一方で、オウム事件に対して仏教教団がマスコミ等の〈オウム＝ニセ宗教〉大合唱に〈丸乗り〉して自らは沈黙したことを、宗教的無責任とした。他方で、僧侶の被災者救援が僧服でなかったことを象徴的に見て、それは単に市民活動に過ぎず宗教論理（教義）に基づく固有の宗教活動ではない、と批判した。いずれも仏教の社会参加・社会的活動について信仰原理の不在（当事者の無自覚と社会的未提示）を「宗教の自殺」・「宗教の終焉」と問題提起した。

私はこの提起は実に重く、これへの応答は宗教が社会変革運動と「共振」しうるための主体的条件の根本前提だと思う（教団の特定政党支持・従属の拒否と共に）。

昨今の意欲的仏教者の社会参加・共生運動は多く僧服で行われ、僧・仏教者としての自覚からなされているようだ。だがその自覚がもし、仏教者も教団も社会的存在であり、社会参加・社会的活動は社会的存在としての義務との論理に止まっているなら、山折氏の提起への応答としては全く不十分だと思う。この論理は、親鸞教団が非社会性批判への対応から創出した真俗二諦論（後述）と同じく教義と内的必然性がなく、既成社会への無批判な迎合になる危険があるからだ。仮に社会変革運動に参加しても、それが仏教者の信仰・教義内在的原理に基づかないなら、当事者の市民的判断からの参加にしかならない。それでは、共生運動・社会変革運動への仏教者ゆえの寄与も固有の問題提起も不可能であり、その意味で〈共振〉の主体とはなりえない。

私には、北島氏が挙げる仏教的社会運動は先進的事例で、教団や仏教界の社会参加論全体としては、山折氏の問題提起には未だ正面から応答しえていないと思える。それは、仏教の〈社会参加〉・共生運動連帯が、現実には僧侶でもなお一部で、仏教者一般に広がってないことが如実に示している。

では、何が問題か？　個々の宗派の問題は今置くとすれば、そこには日本仏教が全体として抱える構造的問題があるように思う。

3　日本仏教における倫理不在の〈伝統〉の反省と克服

日本仏教の構造的問題とは、一部宗派は別にして日本仏教全体が歴史的に共有してきた二つの枠組み、一方での出家主義（脱世俗主義）と他方での戒律（仏教倫理）の空洞化・否定が、相乗的に倫理や社会変革への無関心と結びつく構造をなしていることである。

周知のように仏教は、苦の根本原因を煩悩に見てそこからの解脱ないし心の平安を目的とし、その実現のために脱世俗を基本条件とした。これは釈迦以来の仏教の歴史的根本枠組みでは、世俗社会から別空間（出家集団・寺院）に移ることを条件とした（出家主義）。さらに民衆化した日本仏教では、「厭離穢土欣求浄土」の来世主義浄土教が象徴するように、世俗社会に居ながら心理的脱世俗を勧めた。そしてこれらが現実社会への無関心傾向を生み、特に明治以後は、宗教は本質的に内面的救済（心の平安）に関わり外面的生活（社会のあり方）とは無関係とする近代的宗教観の浸透の中で、仏教の社会的無関心構造に一層拍車がかかった。

他方で、歴史的に仏教は解脱の実践方法として戒律を課してきた。日本仏教でも僧の厳しい戒律（肉食妻帯禁止は大前提）はもとより、聖徳太子仮託の国家仏教理念の下で古代仏教は、民衆にも「和」を基本に仏教倫理の遵守を求めた。さらに浄土教により仏教を民衆化した中世仏教（天台・真言系が正統）は、在家民衆に対しても最低限の行（布施など慈悲）や戒（不殺生・不偸盗・不妄語など十善戒。仏教倫理）を往生要件と課していた。

ところが異端派の法然が往生要件は念仏のみで諸行・戒律不要と説いて、悪人肯定＝倫理否定の傾向（造悪無碍論）を生み、親鸞の公然たる肉食妻帯肯定が拍車をかけた。

島薗進氏（2013）は、これが日本仏教史の分岐をなし、以後、再三の戒律復興運動にもかかわらず天台・真言系など日本仏教全体に戒律空洞化、つまり倫理不在＝社会的無関心を一般化し、その傾向は明治の僧侶の肉食妻帯自由令と仏教の近代化（近代的宗教観の呪縛？）により一層顕著になったと言う。そして、現代の日本仏教が社会的意義を果たすためには、この倫理不在＝社会的無関心の構造をどう歴史的に反省し教義的に克服するかが、問われると言う。

全く同感である。先述の如く私は内面（心の平安）主義でもそれ自体の社会的意義は認めるので、その立場から社会変革運動に対して、それで諸個人の心の平安は実現できるのかと問うことも宗教固有の意義だと思う（村岡氏の「共振」論はこれをも射程にしているか、とも）。だが、仏教者（特に指導層）がそう問う場合、自らの信仰と実践に基づくことが大前提であり、出家主義の教団・僧は自らの平安と戒律遵守如何・肉食妻帯是非との関係の明確化が求められる。それ抜きでは、社会運動に心の平安を問う資格はありえない。

まして、仏教が共生運動・社会変革運動の中で固有に一翼を担い「共振」の主体となるには、この内面主義・倫理不在＝社会的無関心の構造を仏教（各宗派・各人の宗旨）の論理によってどう批判し克服するのか、この自問なしにはありえない。それ抜きの社会参加は結局、一時的表層的に止まり、あえて辛辣に言えば〈欺瞞〉ではないか……。

この点で、環境問題と人間疎外の両面解決への仏教の意義を強調する仏教哲学者の竹村牧男氏（2016）が、アジア仏教界からも異端視される日本仏教の肉食妻帯・戒律空洞化への歴史的反省・弁明を求めつつ、在家仏教者をも主体とする新たな仏教倫理を提唱するのが注目される。竹村氏は、歴史的仏教戒律の中の在家仏教者向け「大乗戒」三種に注目して全仏教者共通の〈新しい社会倫理〉

とするよう呼びかける。①「十善戒（不殺生・不偸盗・不邪淫・不妄語・不綺語・不悪口・不両舌・不貪欲・不瞋恚・不邪見）、②「六波羅蜜」（布施・持戒・忍辱・精進・禅定・智慧）、③「四無量心」（慈・悲・喜・捨）。そして、これらの根幹を「慈悲」＝「共苦（共感）」と位置づける。その点で、村岡氏が掲げる「友愛」の仏教的位置づけともなっている。

戦争協力・抑圧加担の自己批判とともに、仏教界全体、全仏教者が応答し検討すべき叩き台と言うべきである。ただ、親鸞浄土教（徒）は戒律否定ゆえに、とりあえずは呼びかけから除外されている。

4　親鸞浄土教における現生主義と既成倫理批判
――固有の「共振」可能性（1）

では、親鸞浄土教は倫理や社会変革に対する仏教信仰の歴史的な無関心構造をどう克服しうるか？　先述の如くこの構造の歴史的起点と言われ、現代でもなお影響が大きいだけに、応答の意義と説明責任はより大きい。

親鸞教団において、この問題の根本は、侵略戦争加担反省と、加担論理となった真俗二諦論（真諦＝弥陀帰依、俗諦＝天皇制国家従属）の克服とされるのが一般的であり、教学的にも多様に議論されているようだ（山崎 1996 など）。その真摯な努力は、親鸞浄土教の社会性回復の努力と共に、敬意と傾聴に値する。その上で、大きな枠組みの問題点を言えば、真俗二諦論批判のポイントが、弥陀帰依（念仏）

を宗教の真理（真諦）としつつそれとは無関係に国家従属を世俗の真理（俗諦）とした点に置かれているることである。信仰の国家従属の論理が親鸞の〈仏法者＝国王不拝〉説に反すると批判されているのであって、戦争肯定が弥陀帰依に反することを論理的には示し得ていない。せいぜい、国家従属論により念仏者が人間としてもつ戦争批判を封殺したことの批判に止まっている。

この問題は実は、清沢満之以来の近代主義的宗教観による内面主義的親鸞解釈と不可分である（亀山 2019）。つまり弥陀帰依による救済は社会（人間主体の倫理＝自力）の超越によって開かれるのであり、信仰は社会的行為の善悪や倫理とは無縁だとの論理である。この論理が今なお強固なことは、念仏者の被災者救援ボランティアが信仰論理からは「自力救済」「自力作善」であり弥陀他力への絶対帰依に反するという議論がなされて、結局ボランティアは人間の素直な感情問題とされることにも如実に示される（木越 2016）。この内面主義の弥陀他力絶対帰依の論理は、反面で侵略戦争協力を人間の感情論として肯定しうる余地を残しており（愛国・平和のための戦争！など）、戦争を信仰問題として否定する原理を持たない。まさにこの点を衝いて中島岳志氏（2017）は、親鸞主義者の日本主義化・戦争肯定の批判としては真俗二諦論批判は表層的であり、深層では親鸞の自力絶対否定が問題だと喝破している。

私はこの問題が残るのは、中島氏の批判も含めて近代主義的親鸞像の故だと考える。それ故、親鸞浄土教の社会参加・共生運動連帯の可能性はまずもって、中世社会を生きた親鸞その人に、改めて尋ねるべきと考える。親鸞は、彼が生きた九十年間での十八回もの災異改元が示す構造的な〈災害社会〉において、生涯一貫して民衆の受苦に寄り添って自他救済の大乗仏道を探求した。そして、天台・真言などの正統派浄土教との緊張関係の中で民衆の「現世安穏・後生善処」の願いに全面的に応答する道として、弥陀絶対帰依・他力念仏を明らかにした（亀山2012）。

この視点から第一に再確認すべきは、親鸞が仏教史上初めて、出家主義から在家主義へとコペルニクス的転回を果たしたことである。それは、何より諸個人の現生を生きる〈自己努力〉の全面肯定を前提することを意味している（〈災害社会〉で在家者は〈自己努力〉なしでは生きれない）。

親鸞は、煩悩を生の執着としつつ（『歎異抄』九条）、念仏により「煩悩を断ぜずして涅槃を得」（『正信偈』）と説いた。そして、「業縁」で殺生を生業とする猟師・漁師・商人・農民こそが弥陀救済の正機と位置づけ（『歎異抄』三条、十三条）、彼らと自身を煩悩の「われら」と同一化した（『唯信鈔文意』）。その背景には、法然の「衣食住の三つは念仏の助業」（「禅勝房伝説の詞」）との思想の継承があったと推定される。それは念仏にとって生の〈自己努力〉の不可欠性を端的に示している。ここから、近代親鸞論がボランティア＝他力背反の金科玉条とする「聖道の慈悲」限界論（『歎異抄』四条）も、眼前の受苦者救済の〈自己努力〉を肯定する故の悲歎であることが浮き彫りにされる。

従来の親鸞論は自力往生行の「自力」（往生の因を自分の力と見なす〈自己手柄〉）と生きる〈自己努力〉（自ら行うこと）を混同し、「自力」否定の名の下に〈自己努力〉まで否定している。そもそも、他力の念仏ですら自ら称えずにはありえず、自らの「念仏申さんと思い立つ心」が不可欠であり（『歎異抄』一条）、それも自らが念仏の謂れを聞き信ずる〈自己努力〉があってこそである。親鸞が他力念仏における「聞信」の不可欠性を強調し（『教行信証』信巻）、「弥陀大悲の誓願を深く信ぜん人はみな、寝ても覚めてもへだてなく、南無阿弥陀仏をとなふべし」（『正像末和讃』）と〈自己努力〉を勧めるのは、それ故である（桜井 1995）。他力念仏は、この〈自己努力〉を「自力」（自らの手柄）とするのでなく、もっぱら弥陀回向と〈領解〉するところに成立するのである。

第二に、この生の〈自己努力〉の前提と結合して親鸞の専修念仏往生論は、浄土教信仰を来世主義から現世主義へと劇的に転換し、念仏の意義を現世での大安心の実現による生の〈自己努力〉の励ましと位置づけた。

中世浄土教は末法思想の下に現世での解脱（苦脱却）を断念し、死後に阿弥陀仏の極楽浄土に往生して苦脱却を願う来世主義であった。これは〈災害社会〉の民衆の「現世安穏・後生善処」の願いの後者に対応していた。正統派浄土教は、念仏による悪人往生論を説いてこの願いに応答すると共に、前者の願いに対しても、呪術信仰（神仏祈祷・卜占祭祀）による除災招福を説いて全面的に応答した。これに対し、異端派の法然は、正統派の諸行往生論は階層往生論（『観無量寿経』所説の九品往生）であり、悪人の念仏往生は最下位の浄土辺地で事実上は不往生だと批判し、『観無量寿経』の独自解釈から念仏のみによる平等往生論を説いた。それにより民衆の「後生善処」の願いに全面的に応答したが、「現世安穏」の願いには不十分だった。

親鸞は民衆のこの願いに正面から向き合い、自らの被災者救済経験などから正統派の神仏習合の呪術信仰による「現世安穏」論を、民衆を妄説で欺き迷わせ苦死させる堕地獄の邪道と厳しく否定した。「世間の邪魔・外道・妖蘖師の妄説を信じて禍福は生ぜん。……卜問して禍をもとめ種々の衆生を殺さん。神明に解奏し……福祐を請乞し延年を冀わんとするについに得ることあたはず。愚痴迷惑して邪を信じ倒見してついに横死せしめ、地獄に入りて出期なし」(『教行信証』化身土巻)と。そして、念仏の意義を死後往生自体よりも現生での往生絶対保証(現生正定聚)の大安心に求め、それは生業の中でこそ得られ、念仏によってこそ悪鬼神の災禍から保護されると説いた(『現世利益和讃』)。これにより、在家生活の「現世安穏」の道は呪術に頼らず、念仏により死後の不安なく心の平安を得る中での生の〈自己努力〉にこそあることを明らかにした。

このような親鸞の思想は現代にも重要な意義をもち、「不安社会」化の中で親鸞浄土教が果たすべき固有の「共振」のポイントと言えよう。

第三に、親鸞の他力念仏往生論は既成倫理批判も含んでいた。というのも正統派の諸行往生論の諸行の中には倫理も含まれていたからである。

例えば、正統派も依拠する『観無量寿経』が往生行とする「世福」(孝養父母、奉持師長、慈心不殺、修十善戒)や、諸経典から四恩(天地の恩、国王の恩、父母の恩、長者の恩)への報恩などを善行に挙げていた。これらは、神仏習合論による王法仏法相依体制の中で、神祇崇拝義務と融合して国家・荘園秩序維持の社会倫理となっていた。諸行無用を言う法然専修念仏論は事実上これらを否定する意義をもった。そのため、荘園支配に抵抗する民衆を励ます一方で倫理否定の造悪無碍論を生み、国家・正統派仏教により仏説(特に法然が依拠する『観無量寿経』)背反・社会破壊の邪教として法然教団は弾圧された。これを受けて親鸞は他力専修念仏の仏教的正統性を教学的に論証すると共に、正像末史観により末法の時代は教のみ存在し、証（自力解脱者）はもちろん、戒（自力行）も存在しえない「無戒」の時代だと喝破した。そしてそこから、正統派の諸行往生論（倫理）は末法の時機不相応の虚仮であり、外道（神道）に屈服する邪偽だと断じ、念仏弾圧を末法の唯一真実の教（他力念仏）を否定する仏法毀滅の堕地獄業と厳しく批判した（『教行信証』化身土巻、『正像末和讃』）。この論理は、中世の荘園支配の原理となった既成の国家主義倫理の批判・否定と同時に、濁世の煩悩具縛の人間の「自力」を原理とする倫理（世間の善）の否定をも意味した。

ここから親鸞浄土教の社会的意義を、既成倫理の虚偽批判と人間の「自力」倫理の虚仮性自覚に見て、真俗二諦論克服の原点に位置づける議論も登場している（山崎 1996）。これ自体は重要な視点であり、これも親鸞浄土教固有の「共振」のポイントと言えよう。しかし、親鸞浄土教の社会的意義はこれに止まるのだろうか？　在家主義ゆえの生きる〈自己努力〉に倫理は含まれないのか？　手掛かりは親鸞の造悪無碍論批判にある。

5　親鸞浄土教における〈浄土の倫理〉と永続的自己悲歎

――固有の「共振」可能性（2）

親鸞は造悪無碍論をこう批判する。「凡夫なればとて何事も思う様ならば、盗みをもし人をも殺いなんどすべきかは。……念仏を申すほどになりなば、元僻うたる心も思い直してこそあるべきに……悪苦しからずと言ふこと、ゆめゆめあるべからず。」「われ往生すべければとて、すまじきことをもし、思ふまじきことを思ひ、言ふまじきことを言ひなどすることはあるべくも候はず。」（消息三七、四通。番号は浄土真宗本願寺派『浄土真宗聖典』による。以下同じ）。

ここには恣意的な殺傷・盗み・虚言など身口意の三悪業が戒められ、「十善」論が下敷きをなすことが窺える。近代的親鸞論は一方で、これを「自力」の倫理と見て、『歎異抄』十三条の殺人の「宿業」性（意志的回避の無力）などに拠り、逆説的に倫理不可を導く方便と解釈した。他方では、造悪無碍批判のもう一つの論点の諸仏不軽・神祇不捨の説諭（消息二七通）と結びつけ、弾圧回避のための既成の正統派倫理・世俗倫理への妥協と解釈した。

だが、傍点部の絶対禁止のトーンは、明らかに倫理遵守の〈自己努力〉の勧めである。しかも親鸞の末法史観から言えば、この倫理は虚仮の世間倫理・正統派の仏教倫理でも、虚仮の人間の「自力」倫理でもない。だとすると、この倫理は弥陀の慈悲が末法の虚仮の人間に示す〈浄土の倫理〉でしかあり得ないと言うべきである。

これの遵守も〈自己努力〉が不可欠だが、それを「自力」でなく専ら弥陀の慈悲の力によって可能と領解するところに他力念仏の意味がある。「釈迦・弥陀の御方便に催されて、弥陀の誓いを聞き始めて……元は無明の酒に酔いて貪欲・瞋恚・愚痴の三毒をのみ好」んでいたのが、「無明の酔いも少しづつ醒め三毒をも少しづつ好まず、阿弥陀仏の薬を常に好む身」になれたのだ、と諭す（消息二通〉のが証左である。それは、『教行信証』信巻が説く他力念仏の「現生十益」に挙げられる「至徳具足の益」、「転悪成善の益」、「知恩報徳の益」、「常行大悲の益」に基づく。

なお、そこには「冥衆護持の益」も挙げられ、化身土巻での仏法者「護持養育」の善神の明記と対応している。それは、門弟説諭の「神祇不捨」や『現世利益和讃』での善神の念仏者保護の強調は妥協ではなく、「神祇不帰依」（呪術否定）を前提とした神祇の新たな位置づけを意味し（前田2017）、民衆崇拝の自然神を念仏者の生の〈自己努力〉の護持者と位置づけている（化身土巻）。

このような弥陀の働きによる〈浄土の倫理〉への〈自己努力〉の最も原理的な基礎づけが還相回向論である。親鸞は『教行信証』教巻冒頭で、「浄土真宗」の根幹は弥陀の往相回向（往生成仏させる相）と還相回向（世俗に還って利他行をさせる相）のセット（二種回向）だと宣言する。そしてこれに拠り、念仏者は、利他行により成仏が予定されている弥勒菩薩と等しいと強調する（『正像末和讃』）。だが近代主義の親鸞論は、一方で還相回向専らを死後の往生成仏の後とみなして非合理とし、他方で個人主義と内面主義により自己の往生に関心を集中して、往相回向一辺倒に陥り還相回向を無視してきた。近年これを批判して二種回向相即論により現生での還相回向＝利他行を強調する親鸞論が登場した。念仏普及の〈自己努力〉を基本としつつ（桜井1995）、「還相の菩薩」の社会的利他実践や（末木2016）、民衆の貧苦や病苦の解決をも含む（竹村2020）と。これは、〈浄土の倫理〉の〈自己努力〉が弥陀の働き（還相回向）であることを明らかにしている。

以上の〈浄土の倫理〉は、既成の世俗倫理や人間主義の「自力」倫理の虚仮性と共に、新しい倫理をも照射する。『歎異抄』四、五、六条が示す「浄土の慈悲（慈心不殺）」・一切衆生の平等・師弟関係（社会的上下関係）の否定と弥陀の前の万人平等は典型である。それは『観無量寿経』の「世福」の再解釈からの、弥陀の慈悲を原理とする「新しい人間関係」の提示である（桜井1986）。

これらは先述の竹村氏提起の新しい仏教倫理と重要部分で重なり、その核心の〈平等の慈悲〉はまさしく「友愛」の仏教的実践と言えよう。

さらに言えば、親鸞の〈浄土の倫理〉の背後には根本経典の『無量寿経』が説く浄土（仏の国）の様相があると想定される。それは二種類あり、一方で㋐阿弥陀仏が成就した四十八願の中で、飢餓・殺戮の苦がなく黄金の宝に満ちた死後の極楽として神話的に描く。他方では、㋑現世において人々が仏に教化されることにより、五悪（闘乱・欺き合い・弱者抑圧・社会格差・飢餓）を断絶して、天下和順し災厲なく兵戈無用の平和で豊かな世界が実現すると説く。注目すべきはこれである。

実は親鸞の著作には浄土自体の具体的様相の記述は見当たらない。『教行信証』真仏土巻は真の浄土を専ら、無限の光・無限の命を本質とする阿弥陀仏の無限の光の世界（「無量光明土」）と解釈する。民衆向けの『浄土和讃』でも専ら、清浄光・超日月光などと表現される浄土の無限の光に照らされることが讃歎されるのみである。それは親鸞が、浄土を死後の実体的世界と見ることを否定したからであり、前述の㋐は、正統派の諸行往生論が依拠する虚仮の浄土（化土）であり、真の浄土に導く方便でしかないとした（化身土巻）。そして真の浄土は現世との共時的異次元にあり、そこから煩悩の人間・世俗社会を浄化する超越的働きとして現生に現れるものと捉えていた（長谷2018）。

とするならば、浄土の働きは凡夫の心の平安（「心は浄土に遊ぶ」）に止まらず、行為にも現れ〈浄土の倫理〉、それを通して社会にも現れることになる。もとより煩悩の人間を通してだから、本質的に不完全な顕現であり、それゆえ現世を浄土そのものとは記述しなかった。その意味で『無量寿経』の説く㋑の様相は、浄土の現生的顕現の窮極の理想型ということになる。

すると永遠の理想のこの社会に不完全ながら無限接近する現在の方策が〈浄土の倫理〉となる。そして親鸞はその具体的モデルを、弥陀の二種回向（安心と利他活動）に民衆を導いた聖徳太子の十七条憲法に見ていた（『聖徳奉讃』）。そうならなお、〈浄土の倫理〉は社会変革・共生社会への親鸞浄土教固有の論理からの連帯・参加を位置づけると言えよう。

その場合決定的に重要なのは、親鸞においては〈浄土の倫理〉への〈自己努力〉は痛切な自己悲歎と不可分なことである。

親鸞は生涯、「悲しきかな愚禿鸞、愛欲の広海に沈没し名利の大山に迷惑して、……真証の証に近づくことを快しまず。恥づべし傷むべし。」（『教行信証』信巻）と悲歎し続けた。八六歳の『愚禿悲歎述懐』でも、蛇蝎の如き煩悩呪縛・「虚仮不実」の自己、「小悲小慈もなき身」と悲歎した。近代主義の親鸞論は、これを女犯などの破戒や殺生不可避の人間の根源悪の悲歎などと解釈してきた。だが性に悩んで法然に入門した若き日ならともかく、八六歳の超高齢者が、何より無戒の悪人ゆえに弥陀の救いに与ると慶び民衆にも勧めて五〇年も経って、そんな自己悲歎はありえない。そもそも肉食妻帯は弥陀（分身の観音）の教命によるのであり（「夢記」）、そんな自己悲歎は弥陀への反逆である。

親鸞の自己悲歎は、弥陀の慈悲に導かれての〈浄土の倫理〉の〈自己努力〉が煩悩我執ゆえに「自力」倫理に逆転し、主観的には弥陀随順のつもりが客観的結果的には弥陀の慈悲・〈浄土の倫理〉に背反している自己の悲歎なのである（他力念仏が自力念仏＝本願背反に逆転することの自己悲歎と同じ）。

社会変革・共生運動との連関で言えば、親鸞浄土教における自己悲歎の論理は、社会主義など理想社会や共生社会を目指す運動が理想の名の下に反対物に転化していないかを自他に根源的に問い続けることを意味する。

以上より、親鸞浄土教が社会変革運動との「共振」の一方の主体となる固有の宗教的可能性は、さしあたり三つに集約されると思われる。第一に念仏の中の心の安心確保。第二に、〈浄土の倫理〉による既成社会批判と固有の理想社会への〈自己努力〉。そして第三に何よりも、その社会変革運動の虚仮性（抑圧への逆転）に警鐘を鳴らし続ける点に親鸞浄土教の独自性があると思うのである。

参考文献

亀山純生 2003『現代日本の「宗教」を問い直す――唯物論の新しい視座から』青木書店
亀山純生 2012『〈災害社会〉・東国農民と親鸞浄土教』農林統計出版
亀山純生他編 2016『共生社会Ⅰ　共生社会とは何か』農林統計出版
亀山純生 2019「近代の親鸞教団と親鸞主義における天皇制国家従属と戦争肯定の論理」：東京唯研『唯物論』九三号

亀山純生監修 2020『風土的環境倫理と現代社会』農林統計出版
木越　康 2016『ボランティアは親鸞の教えに反するのか』法藏館
北島義信 2020「現代における宗教の役割」『フラタニティ』第一九号＝二〇二〇年八月、ロゴス
桜井鎔俊 1986『歎異抄を読み解く』春秋社
桜井鎔俊 1995『教行信証を読む』法藏館
島薗進 2013『日本仏教の社会倫理』岩波書店
末木文美士 2016『親鸞』ミネルヴァ書房
竹村牧男 2016『ブッディスト・エコロジー　共生・環境・いのちの思想』ノンブル社
竹村牧男 2020「往生のそのさきについて」親鸞仏教センター『現代と親鸞』第四二号
中島岳志 2017『親鸞と日本主義』新潮選書
鍋島直樹他編 2011『地球と人間のつながり　仏教の共生観』法藏館
長谷正當 2018『親鸞の往生と回向の思想』方丈堂出版
前田壽雄 2017「『親鸞伝絵』箱根霊告段をめぐる問題と親鸞の神祇観」：浄土真宗本願寺派総合研究所『浄土真宗総合研究』第一一号
村岡　到 2017『「創共協定」とは何だったのか』社会評論社
山折哲雄 1995「オウム事件と日本宗教の終焉」（『諸君！』文芸春秋社、六月号）
山崎龍明編 1996『真宗と社会』大蔵出版

現代の日本社会とキリスト教

下澤悦夫

1　キリスト教の日本伝来

日本の伝統的宗教は「神仏儒」すなわち神道、仏教及び儒教であった。キリスト教は、日本の伝統的宗教の世界へ西方からやってきた異教である。まず一六世紀後半にポルトガルとスペインによるカトリック・キリスト教（キリシタン）の布教がなされ、これが相当の成果をあげた。しかし一七世紀初め頃から強化された徳川幕府による鎖国令とキリシタン禁制の結果、離島の「隠れキリシタン」を除いて殆どが絶滅された。

一八五三年（嘉永六）に提督ペリーの黒船が浦賀に来航し、日本の鎖国が破られた。一八五八年（安政五）にアメリカを始めとする五か国との間で修好通商条約が締結された。その翌年の一八五九年（安政六）からキリスト教宣教師が相次いで来日し、横浜などの外国人居留地で布教を始めた。その殆どはアメリカから来たプロテスタント系諸教派の宣教師であった。しかし、開国後も国内には

「切支丹邪宗門ノ儀ハ堅ク禁制タルベキ事」との高札が掲げられており、それが諸外国から抗議を受けた。明治政府は文明開化政策を推進する必要もあって一八七三年（明治六）二月、太政官布告により切支丹禁制の高札を撤去した。それはキリスト教を解禁したのではなく、高札の趣旨が既に民衆に熟知、徹底されているので高札を掲げる必要がないという理由からである。キリスト教は好ましくはないが、その布教、伝道を黙認するというのが、明治政府の基本政策であった。

一八七二年（明治五）に日本で最初のプロテスタント教会（後に日本基督一致教会となる）が横浜に設立された。本田庸一、井深梶之助、植村正久などがそのリーダーであり、このグループは横浜バンド（長老派・改革派系）と呼ばれている。そのほかに二つの青年キリスト者のグループがあり、それぞれ熊本バンド、札幌バンドと呼ばれた。熊本バンド（会衆派系。後に組合教会となる）は一八七六年（明治九）に熊本藩洋学校の生徒たちが集団で入信したものであり、海老名弾正、横井時雄、徳富蘇峰などがいた。札幌バンド（メソジスト系）は札幌農学校教頭クラークの指導により一八七九年（明治一二）の「イエスを信ずる者の契約」に署名することによって入信したグループであり、内村鑑三、新渡戸稲造、宮部金吾などがいた。これらの人々は日本で最初のキリスト者であり、その殆どすべてが佐幕派諸藩出身士族の子弟であって、明治・大正期キリスト教の代表的指導者となった。彼らのキリスト教信仰は武士道の精神と離れがたく結びついており、西欧からの日本の自立を志向する独立精神が旺盛であった。そのことは、後にキリスト教が日本精神、天皇制国体と癒着する原因ともなった。

明治政府は文明開化、殖産興業の政策をとり「和魂洋才」を唱えた。西洋の物質文明は取り入れるが、西洋文化の核心であるキリスト教は受け入れないというのが国家政策の基本であった。その後、明治政府が一時欧化政策を推進した明治一〇年代には、西洋近代思想の影響を受けて自由民権運動が盛んになり、キリスト教の教勢も拡大した。都市住民のみならず、地方農村の有力農民や商工自営業者の中にキリスト教会信徒が増加した。

2 明治絶対主義体制の確立とキリスト教

明治政府は、一八八九年（明治二二）二月一一日に「明治憲法」を、翌一八九〇年（明治二三）一〇月に「教育勅語」を相次いで発布した。これによって明治絶対主義体制（明治天皇制国家）が確立したのである。明治憲法第三条に「天皇ハ神聖ニシテ侵スヘカラス」と、第二八条には「日本臣民ハ安寧秩序ヲ妨ケス及臣民タルノ義務ニ背カサル限ニ於テ信教ノ自由ヲ有ス」とそれぞれ規定し、制限付きで信教の自由を保障しつつ、併せて教育勅語によって天皇制宗教を設定した。一八九一年（明治二四）一月、第一高等中学校教員である内村鑑三が教育勅語に最敬礼をしなかったことを理由に、教員を解職された（内村鑑三不敬事件）。この事件は、それ以後、敗戦による明治絶対主義体制の崩壊まで続く天皇制国体とキリスト教との対立・衝突の歴史の始まりであった。また、自由民権運動も明治憲法体制に取り込まれていった。

明治絶対主義体制のもとで、天皇は国家構造上の主権者であるだけではなく、日本人全体を信者とする教団としての国家神道の最高位の神官、大祭司でもあるとされた。この体制を支える疑似宗教としての天皇制が確立されたことによって、キリスト教の受けた打撃は大きかった。キリスト教は、タブーとしての天皇制に抵触しない限りにおいて、社会の片隅で静かに神に祈ることが許される存在となった。もし明治絶対主義体制を支える国家神道のエートス（国体）と対決しようとするならば、激しい抵抗と弾圧にさらされるということである。こうして、明治憲法発布以後のキリスト教は次第に衰退し、低迷の時期を迎えたのである。

二〇世紀に入ると、日清、日露戦争を経て日本の産業が発展し、農村から都市へと人口の移動が生じた。農村共同体から脱出し、都会に出て孤立的な個人となったインテリ中産階級が増大した。そして彼らの内面に生じた自我意識、個人的な不安や煩悶に答えと救いを与えることが、キリスト教と教会に求められた。こうしてキリスト教信仰と教会の復活が起こった。その後、さまざまな変遷はあったとしても、都市のインテリ、学生層の煩悶と自我の悩みに真の希望を与えることがキリスト教会の主要課題とされてきたのである。

この頃にはキリスト教と併せて社会主義も盛んになった。一九〇一年（明治三四）に日本で最初の社会主義政党「社会民主党」が結成された。その創立メンバー六人のうち、幸徳秋水を除いて安部磯雄などの五人はいずれもキリスト者であった。キリスト者たちが同時に社会主義者としても活動していたのである。その一例が賀川豊彦である。彼は植村正久が指導する日本基督教会（日本基督一致教会の後継）に属するキリスト者であり、大正時代から労働組合、農民組合、協同組合運動で活躍する社会主義者でもあった。

植村正久と並ぶもう一人の有力なキリスト教指導者に内村鑑三がいた。彼は一九〇〇年（明治三三）頃から教会制度を批判して無教会キリスト教を唱え、個人で聖書研究会を主宰するとともに伝道雑誌『聖書之研究』誌を発刊した。以後一貫して無教会キリスト教運動を推進した。明治の終わりから大正の初めにかけて、体制の外で孤立していた内村と明治絶対主義体制のエリートたる一高帝大生との出会いがあった。柏会と称する一高生たちのグループが一九〇九年（明治四二）一〇月、第一高等学校校長新渡戸稲造（内村と共に札幌バンドに属する）の紹介で内村の聖書研究会に参加し弟子となった。一九一二年（大正一）には一高帝大生を中心とする白雨会グループも参加して内村の弟子となった。これらの集団の中に高木八尺、藤井武、前田多門、黒崎幸吉、矢内原忠雄、塚本虎二、三谷隆正、田島道治、南原繁などがいた。一九三〇年（昭和五）三月の内村鑑三の死をもって内村聖書研究会は解散された。そこで、内村の有力な弟子である塚本虎二、畔上賢造、藤井武、黒崎幸吉、金沢常雄たちが独立伝道者として立ち、内村に倣って無教会キリスト教の宣教を開始した。彼らは無教会第二世代と呼ばれている。

3　十五年戦争下のキリスト教

一九三一年（昭和六）九月に満州事変が勃発する。十五年戦争の開始である。十五年戦争の時代、日本は明治絶対主義体制（明治天皇制国家）のもとで国家主義と軍国主義の熱狂に突き進んだ。この体制を支えたのが「教育勅語」と国体（日本精神）であった。これと対立する日本のキリスト者たちは、社会主義者たちとともに強烈な弾圧にさらされた。しかし、最終的には日本のキリスト者で国家主義、軍国主義と闘って殉教したものは殆どいない。朝鮮キリスト教では、神社参拝拒否を理由に五十数名のキリスト者が日本官憲による拷問を受けて、殉教者が出た。しかし、内地では聖書無謬説を信じるホーリネス教会などに殉教者が出た程度である。

政府は、戦争遂行のために国の総力を動員する必要上、全ての宗教の宗派、教派をいくつかの統合体にまとめることを意図し、一九三九年（昭和一四）に宗教団体法を制定した。その圧力により、一九四一年（昭和一六）六月、日本で最初のプロテスタント合同教会として日本基督教団が設立された。主要教派である日本基督教会、組合教会、メソジスト教会を含む三四の教派が一つの教団として合同することになった。当時の信徒数は二四万人、教会数は一八七五であった。「日本基督教団規則」第七条には、教団の生活綱領として「皇国ノ道ニ従ヒテ信仰ニ徹シ各其ノ本分ヲ尽シテ皇運ヲ扶翼シ奉ルベシ」と規定されている。その翌年の「日本基督教団戦時布教指針」には、「国体の本義に徹し大東亜戦争の目的完遂に邁進すべし」とある。一九四四年（昭和一九）の復活祭の日に、日本基督教団は、富田満統理の名をもって「日本基督教団より大東亜共栄圏に在る基督教徒に送る書翰」を中国、朝鮮、台湾などの各地に送ったのである。

一九三七年（昭和一二）七月勃発の日華事変の頃から、無教会グループのリーダーたちの中で、時局に対する姿勢が二つに割れた。無教会の分裂である。矢内原忠雄は、日華事変を批判して、同年一二月東京帝国大学教授の職から追放された（矢内原平和事件）。石原兵永、政池仁、鈴木弼美、浅見仙作など戦争を批判して迫害される者たちが出た。南原繁、大塚久雄などのように、伝道活動はしないけれども大学内で戦争体制に批判的な姿勢を維持する無教会キリスト者の存在があった。他方、塚本虎二は「十字架の福音のみを説く」として戦争批判を止め、内に籠もって聖書の研究に没頭した。その成果は塚本個人訳『新約聖書』として刊行されている。黒崎幸吉及び金沢常雄は、太平洋戦争についてはこれを支持する旨を表明した。

4　敗戦と日本のキリスト教

一九四五年八月一五日、日本は連合国との戦争に敗れて占領された。明治憲法体制に代わり、平和主義と民主主義に基づく日本国憲法が制定された。日本国憲法第二〇条により完全な信仰の自由が保障されることになった。一九四六年一月一日に昭和天皇の「人間宣言」が出された。天皇は神ではなく、人間であると宣言し、公式に疑似宗教である天皇制（天皇教）を否定した。明治絶対主義体制下で弾圧され続けて来たキリスト教とマルクス主義・社会主義との二大勢力が解放されたのである。戦後しばらくの時期は、社会主義とキリスト教がブームの時代であった。そこで、賀川豊彦の国内外における盛んな伝道活動があり、彼は当時のアメリカでもっとも知られた日本人であった。彼は、片山哲を委員長とする一九四五年の日本社会党設立に安部磯雄とともに参加している。

日本基督教団は戦後の解放によって解散し、もう一度やり直す機会が与えられた。聖公会、バプテスト教会、ルーテル教会のほかホーリネス教会、フレンド教会、ナザレン教会、フリーメソジスト教会などの小教派は戦後数年のうちに相次いで教団を離脱した。しかし、旧日本基督教会、旧組合教会、旧メソジスト教会からなる大多数の教派は、その後も合同教会として存続することを決めた。これによって、日本基督教団は、教団成立という負の責任と戦時における戦争協力の責任とを引き継ぐことになった。

戦後日本の民主主義体制が作られるときに、内村鑑三の弟子たちが大きな役割を果たした。南原繁が東京大学第一代総長に、矢内原忠雄が第二代総長に就任した。彼らはいずれも戦後天皇制の護持論者であったが、戦時中に苦難を負った者たちの復活のシンボルとなったのである。一九五〇年に内村鑑三記念講演会が開催され、それまで戦争に対する態度の相違によって分裂していた無教会グループの再結集が図られた。その中心にいた矢内原は「今や無教会は押しも押されもせぬ勢力となった」と述べた。そのほかに内村の弟子で要職に就いた者として、宮内庁長官田島道治、侍従長三谷隆信、文部大臣前田多門、最高裁長官田中耕太郎などがいる。矢内原などの無教会のリーダーたちは、昭和天皇に内村鑑三、新渡戸稲造などに関して進講している。矢内原は一九五七年に東大総長を退任したが、その頃、弟子の藤田若雄に対し「天皇様は罪ということがわからないお方のようである」と述懐し、「益なく空しく働いた」との疲労感を吐露した（藤田若雄著『時論』一九七七年、キリスト教図書出版社）。矢内原は、昭和天皇にキリスト教を伝えることによって、日本をキリスト教国にしようと望みつつ、それに絶望したのではあるまいか。

一九六五年頃、無教会では内村の直弟子である第二世代から第三世代への世代交代があった。第三世代である、塚本虎二の弟子たちの中から旧約・新約聖書学者、研究者などの学者が輩出した。主に学者や大学教員が無教会グループのリーダーとなっている。

筆者は一九四一年生まれで、一九六〇年四月に東京大学に入学し法学部に学んだ。大学二年生のときに矢内原門下の西村秀夫が主宰する無教会派聖書集会に参加してキリスト者となった。

5　戦後日本の社会構造の変革

明治から敗戦までの日本は、西欧諸国をお手本として近代化社会の実現を目指してきた。その時代の日本の経済・政治・社会構造は、政治・経済学者のいう半封建的資本主義社会、法社会学者のいう家族的構成社会、あるいは労働問題研究者のいう年功的制度社会であった。敗戦によってこれらの経済・政治・社会構造が一挙に崩壊し去ったのではない。たしかに半封建的資本主義社会は崩壊したといえるであろう。敗戦と連合国による占領によって、天皇の「人間宣言」が出され、軍隊と財閥が解体されたからである。しかし、家族的構成関係や年功的労使関係において、それまで支配的地位にあったものと被支配的地位にあったものとの位置関係が逆転しただけであり、家族的構成関係や年功的労使関係の性格そのものが変革されたわけではなかった。戦後の二〇年余にわたり、家族的構成社会や年功的労使関係社会はある種の再編成を経つつ存在し続けたのである。

一九五六年から産業界で技術革新の導入と設備投資が始まり、一九五九年秋頃から貿易・為替・資本取引の自由化問題が、一九六一年以降には合理化問題が起こった。一九六四年に日本は経済協力開発機構（ＯＥＣＤ）に加盟した。それによって先進資本主義国から資本の自由化を迫られることになった。その圧力により、産業界では合理化が激化して労働力不足の現象が起こった。使用者は終身雇用制や年功秩序を廃絶する方向を打ち出した。こうして、年功的労使関係や家族的構成関係が崩壊し始めた。それまでの家族的構成社会や年功的労使関係社会は決定的打撃を受けることになった。それが現実化したのは一九六五年頃のことである。

一九六〇年代の後半から諸大学の旧体制を批判する三派系全学連主導の大学紛争が激化した。その運動の中から新左翼勢力が拡大した。他方、年功的労使関係の中に安住してきた体制内左翼、すなわち労働組合や社会党、民主社会党は崩壊し始めたのである。

一九六九年一一月二一日の「日米共同声明」発表とその内容に含まれる一九七二年の沖縄復帰問題は、その後の日本社会の枠組みを大きく決定づけるものであった。当時の佐藤栄作首相は、一九七〇年三月一四日の大阪万国博覧会の開会挨拶で「わが国は、固有の文明の基礎の上に、さらに明治以来一世紀にわたって、西欧文明を吸収し、独自の発展をとげてまいりました。そして、今日ここに、みずから万国博を主催し、国際社会における大きな責任を果たし得るほど、国力の充実を見るに至りました」と述べた。この挨拶の中の「固有の文明の基礎の上に、独自の発展をとげてきた社会」こそが「天皇制国家社会」「家族的構成社会」あるいは「年功的制度社会」と呼ぶべきものである。

6　戦後の高度成長を遂げた日本とキリスト教

一九六九年をピークとする新左翼運動とそれをめぐる政治、社会情勢によって、日本のキリスト教会、特にプロテスタント教会は根底的に揺り動かされ、混乱に陥った。この運動が大学を拠点として行われたことにより、明治以来、日本社会に対するキリスト教の貢献の一つとされてきたキリスト教を建学の理念とする各大学は、その理念をめぐって紛糾した。

日本基督教団は、ほかのキリスト教会に先駆けて、一九六七年三月二七日の復活祭に、教団議長鈴木正久の名で「第二次世界大戦下における日本基督教団の責任についての告白」を公表した。これは「教団の名において、あの戦争を是認し、支持し、その勝利のために祈り求めることを内外に向かって声明したこと、自分たちの教会が祖国と共に罪を犯したことを懺悔する」という戦責告白であった。この戦責告白をめぐる議論が、一九七〇年の大阪万国博覧会におけるキリスト教館の出展をめぐる論争へ、さらには東京神学大学の紛争と機動隊導入をめぐる議論へと転回して教団内部に深刻な対立を引き起こした。教団が「社会派」と「教会派」とに内部分裂することになった。

それからようやく二〇年を経て、一九九〇年一一月一五日に、日本基督教団総会で採択された「大嘗祭抗議宣言」が総会議長名で発表された。この「大嘗祭抗議宣言」（戦責告白）は「一九六七年の戦責告白は戦時中の教団の行動が過っていると告白するだけのものであって、責任の告白が不十分であった。一九四一年の教団の成立そのものが教会の罪責である」と告白している。日本基督教団は、戦後の歩みの中での「戦後責任」問題も加わり、今なお苦闘しつつある。

日本基督教団の戦責告白に対応して、矢内原忠雄門下の藤田若雄の指導のもとに無教会主義の自己点検運動が進められた。筆者もこの運動に参加している。その成果は一九七七年刊行の藤田若雄編著『内村鑑三を継承した人々（上・下）』（木鐸社）として結実した。同編著は、十五年戦争下における無教会第二世代のリーダーたちの戦争責任を明らかにするとともに、一九五〇年の内村鑑三記念講演会開催をもって無教会の戦争責任をあいまいに処理したことを批判している。しかし、同編著は「自分の信仰の先生である矢内原を正しいものとし、他の先生を裁くものである」として、無教会の主流からは無視され続けて現在に至っている。

7　現代の日本社会とキリスト教の課題

一九九一年末にソ連が崩壊し、冷戦体制が消滅してグローバル資本主義の時代になった。現在の日本社会は悲惨な状況にある。社会全体が平和憲法を蔑ろにして軍国主義化しつつあり、かつ国家主義が進行している。日本社会の罪の構造というべきものが露わになっている。日本社会の罪の根源、その膿の出ているところが沖縄問題であり福島原発問題である。今や少子高齢化社会が進行しており、若者に希望がない、心が病んでいる、働く意欲がない、自ら死ぬことを願っている、という状況である。他方、老人は若者から棄てられて孤独に死んでいく。そのような高齢者の問題がある。若者と老人との間に断絶があって、相互の意志が通じない。ここに、キリスト者としてキリストの福音と今の日本社会の現実とをいかに結びつけるかが問われているのである。

日本プロテスタント教会の最大教派である日本基督教団の信徒数は、一九六〇年から一九九〇年までの三〇年間、ほぼ二〇万人、教会数は一六六〇で推移してきた。しかし二〇一八年には信徒数が一六万六〇〇〇人に減少している。それは主として教会員の死亡によるものであり、ここにも少子高齢化社会の到来が示されている。

無教会キリスト教信仰の特徴は、信仰だけで救われるという信仰義認論と、教会制度（教職制、聖礼典）の廃止とに示される。無教会グループは、一九九〇年頃から第四世代の時代となった。筆者もこの世代に属している。それまでの無教会キリスト教のリーダーは、器の大小に違いはあれどもカリスマを持つ者であった。しかし、今の無教会キリスト者たちの中にカリスマを持つリーダーは失われた。これが無教会キリスト教の現状である。

二〇〇一年に日本のキリスト教信徒数は漸く一〇〇万人になった。そのうちプロテスタント信徒が五五万人、カトリック信徒が四五万人である。当時の日本の総人口は一億二七〇〇万人であるから、総人口に対するキリスト教信徒の割合は約〇・八％であり、一％に満たない。一九七〇年前後から教派の別なくキリスト教会の教勢の伸びは鈍化しているが、そのうちで福音派あるいは聖霊派などの保守的な教会は教勢が拡大し、社会派などのリベラルな教会は教勢が退潮する傾向にある。しかし保守的あるいはリベラルの相違はあれども、日本のキリスト教会は日本社会の中で依然として少数の例外者として存在している。一般の世論調査によれば、天皇制を支持する者が積極的、消極的を含めて八〇％を超えている。これに対し、日本のキリスト教会は、リベラルであれ保守的であれ全体として、天皇制に対し対峙的あるいは対決的な姿勢を取り続けている（戒能信生「教勢から見た日本基督教団の五〇年」。末尾の参考文献の『日本基督教団五〇年史の諸問題』所収）。

日本のキリスト者は日本社会の中の少数者であるとしても、イエス・キリストに倣い、それぞれ己が持ち場で自分の重荷を負い、それによって社会の罪を浄める使命が与えられている、と筆者は考える。

8　マルクス主義とキリスト教

内村鑑三の創唱になる無教会キリスト教信仰の特質は、信仰だけで救われるという信仰義認論にありとされている。内村を継ぐ第二世代のリーダー矢内原忠雄は、信仰義認論に加えて預言者的精神（社会批判）をも重視する。矢内原の流れを汲む者の一人藤田若雄（一九一二～一九七七年）は、労働法・労働問題研究者であった。藤田は一九七〇年に『礎をすえるもの』（福村出版刊）を著し、マルクス主義とキリスト教との関係について論じた。それは当時の人々に告げる彼の預言であった。筆者は藤田に師事する者である。彼の預言を祖述すれば、以下のとおりである。

西欧近代史において、一五〇〇年代に宗教改革が起こり、一六〇〇年代の半ばにイギリスでピューリタン革命が成功した。一八世紀後半に産業革命が始まり、資本主義が発展し確立した。そして、これを批判するものとして、一八四八年にマルクスの『共産党宣言』があり、マルクス主義が起こった。このように西欧では、プロテスタント・キリスト教の発生から、マルクス主義・社会主義の発生までに約三五〇年の歴史の経過があり、それが内発的、自然発生的経過をたどっている。日本の場合でもプロテスタント・キリスト教が先ず導入され、その一部の人々の社会活動を通じてマルクス主義・社会主義が導入されている。したがって、歴史的発展の順序は西欧の場合と異ならない。しかし、日本では一八五九年（安政六）にキリスト教が初めて伝えられ、社会主義者が『平民新聞』を創刊したのが一九〇三年（明治三六）であり、「共産党宣言」が『平民新聞』に翻訳掲載されたのが翌年の一九〇四年（明治三七）である。その間は僅か約四四年に過ぎない。また、それらがいずれも海外から輸入されたということもあって、両者ともに、未だ日本社会の精神的風土に土着しているとはいいがたい。

かつて、マルクス主義は、キリスト教の対立物むしろ否定者として受けとられ、いわば敵対関係にあった。一九三二年（昭和七）に、矢内原忠雄は『マルクス主義とキリスト教』を著した。同著において、矢内原はマルクス主義を社会科学理論と世界観とに分け、その社会科学理論は仮説として利用するが、世界観としては、マルクス主義よりもキリスト教の方が徹底して勝れていると主張した。彼は自分の植民政策学の理論としてマルクス主義理論を援用している。それさえも当時は反動視されたのである。それが時代の風潮であった。

しかし、今ではマルクス主義者といえども、プロテスタンティズムの信仰が社会科学研究を妨げるものとは言わなくなった。反対にキリスト者の方もマルクス主義理論を社会科学理論として研究し、またカルビニズムの視点から社会構造を研究することによって、自分の社会改革運動を点検、反省するようになった。社会科学の方法に変革がもたらされたのである。この方法の変革は、社会のいわゆる上部構造をも社会科学の認識対象とする方法が開発されたことによる。その方法の変革は、大塚久雄著『社会科学の方法』（一九六六年、岩波新書）によって代表される。

弛緩した精神に生命力と緊張を喚起するものが構想力である。構想力の内容は、理想であり、かつまた理想を体して生きる生き方である。近代に現れた二つの典型的な構想力がある。

その一つは、宗教改革において姿を現したプロテスタンティズムである。そこには原始キリスト教の信仰を取り戻し、その信仰によって生涯を生き抜こうとする強烈な精神的態度があった。ピューリタンに代表されるプロテスタント・キリスト者の生き方は、天に宝を積むという目的を目指して、自分の全生涯を合理的に規制することにあった。そこに合理的精神態度が生み出されたのである。これと近代資本主義に内包される合理的精神とが親和関係に立ち、前者が後者を触発するという歴史的な関係があった。

もう一つは、マルクス主義である。マルクス主義は資本主義社会を批判する思想である。その理想は共産主義社会の建設にある。そして原始共産社会から未来の共産主義に至る過程を生産力と生産関係との矛盾によって説明する。唯物論と宗教の相違はあるが、マルクス主義とキリスト教の発想の形式はきわめて類似している。すなわち、マルクス主義における原始共産社会は、キリスト教における天の楽園に当たり、マルクス主義における未来の人類の本当の歴史が開始するという共産主義社会は、キリスト教におけるキリストの再臨によって実現する神の国に当たる。マルクス主義は、その歴史過程を生産力と生産関係との矛盾による弁証法的発展によって解明しようとする。これに対し、キリスト教は、世の終末を罪とその贖い、そして「神に選ばれた戦闘の信徒団」と「世俗的欲望に捉われている人々」との矛盾対抗関係をもって説明するのである。

マルクス主義者は、資本主義の変革、共産主義社会の到来の必然性を確信するがゆえに、社会変革のために人生の一切を捧げる強烈な生活態度を生み出す。政治的・社会的革命目的のために一切を援用する目的合理的な生活規制を行うのである。わが国でこのタイプの人間像を最初に打ち出したのは小林多喜二であったといわれている。

キリスト教は神話でもある。キリスト教の『聖書』は、二〇〇〇年、三〇〇〇年もの昔の知識を素材にしているから、素材である知識そのものは今日の方が進歩している。しかし、神話の本質はその構想力にある。マルクス主義は一九世紀、二〇世紀の神話である。それは一九世紀の科学を素材にしているから、今日の我々の生活感覚に近いことは当然である。資本主義の誕生期に一つの精神的態度ないし生活を規制する思想として、社会の変革的機能を果たしたプロテスタント・キリスト教と、資本主義の中期以後に資本主義国に台頭した変革思想であるマルクス主義とは、主体や性格を異にしているが、変革機能としては同じ性格を有している。その差異は歴史的なものであり、重要なのは革命的機能を果たす構想力である。聖書が示す神話の構想力とマルクス主義の構想力のいずれのスケールがより大きいかが問題である。

以上のとおり、藤田若雄は主張した。彼の流れを汲む筆者も無教会キリスト教の核心を信仰義認論と預言者的精神にありと捉え、これまでの生涯において、預言者的精神をもってマルクス主義者と共闘し、信仰義認論をもってマルクス主義者と一線を劃してきたのである。

〔執筆に当たり次の文献を参考にした。記して感謝する〕。

- 小川圭治編著『日本人とキリスト教』一九七三年、三省堂
- 雨宮栄一・森岡巌編『日本基督教団五〇年史の諸問題』一九九二年、新教出版社
- 古屋安雄著『日本伝道論』一九九五年、教文館
- 古屋安雄著『日本のキリスト教』二〇〇三年、教文館
- 古屋安雄著『日本のキリスト教は本物か？――日本キリスト教史の諸問題』二〇一一年、教文館

大本教と世界連邦運動
——調和、寛容の精神

鹿子木旦夫

戦前、二度にわたる弾圧を受けた宗教があります。綾部・亀岡に本部を置く大本です。二度目の弾圧は昭和一〇年（一九三五年）、我が国における近代宗教史上最大と言われる大本弾圧事件でした。容疑は不敬罪、治安維持法違反。内務省の唐沢警保局長は全国特高課長会議で「大本教は地上から抹殺する方針」「わが国教と絶対相容れず、許すべからざる邪教」と宣言、起訴された六一人には特高による厳しい尋問が繰り返され、拷問に耐えきれず縊死したものも含め一六人が獄死しました。また、教団の土地、財産を強制売却処分に付し（昭和一一年三月）、六月には神殿を始めとする建造物のすべてを破壊し尽くすという暴挙の限りを尽くしました。

昭和一三年京都地裁で裁判が始まり、昭和一七年七月の第二審の判決では治安維持法は全員逆転無罪となり、八月七日に教祖の出口王仁三郎は六年八か月の拘留生活を経て保釈、終戦により不敬罪についても法律そのものが消滅し完全無罪となりました。

そして昭和二〇年一二月綾部彰徳殿において事件解決奉告祭が執行され、大本は不死鳥のごとく甦りました。

私の祖父母は大正八年に王仁三郎に魅かれ大本の教えに帰依、親族の反対を押しきって家族ぐるみで綾部に移住しました。が、祖父は間もなく三七歳の若さで病死、祖母が一男二女の幼子を抱えながらも厳しい弾圧に耐えて信仰を守り抜きました。三人の子供はそれぞれ大本の信仰を継承、叔父は王仁三郎の薫陶を受けて成長し生涯を教団の発展に捧げました。母も叔母も大本信徒の家庭に嫁ぎ、私は昭和二二年綾部にて生まれ、特に母の真摯でゆるぎない神第一の信仰生活の中で育てられ、私の生き方には神の存在、霊魂の永遠性など、何の疑いもなく、至極当然のこととして血肉化されていきました。

高校卒業後上京、受験に失敗、実家の経済状況から自活を余儀なくされ新聞販売店に住み込んで予備校に通う生活でした。集金業務と能力をこえる新聞拡張のノルマが課せられ、「個室あり」のうたい文句とは大違いの二段ベッドの「タコ部屋」生活にも、当初は置いてもらえるだけで幸せと感謝していましたが、次第にその限界をこえ、社会の在り方に目を向けるようになっていきました。丁度その頃、美濃部亮吉革新都政が誕生しました（一九六七年）が、その選挙戦に「勝手連」的に関わる中で、オルグされ社会主義協会系の『資本論』の学習会に参加するようになり左翼の世界に傾斜していきました。やがて新聞配達の学生仲間を組織するとともに、すでに組織化が進んでいた新聞輸送、新聞社内で働く学生アルバイトとも連絡をとりあい新聞業界の横断組織としての全臨労（全臨時労働者組合）の結成をみることになりました。昭和四四年に神田で開催した結成大会は大変な人と熱気に包まれていたことを思い出します。私は初代の委員長を務めましたが、その後短期間のうちに組織が膨張したことや、新左翼の活動家が次々と入り込んだためにセクト間の対立が持ち込まれるなど取りまとめに大変苦労した時期がありました。また運動に挫折して目標を見失い学業を放棄したり、デモに参加して逮捕され失意のまま故郷へ帰らざるをえなくなった仲間に責任を感じ悩む日々もありました。しかし、それよりも辛かったのは、マルクスの思想や革命、労働者を守るなどの大義を楯に、自分自身の行動のすべてを正当化し、意見を異にする人々を否定して、憎悪を募らせる……そのような自分自身の変化に嫌悪するもう一人の自分に気が付く時でした。

そんな頃に祖母が亡くなりました。死に対してなんの恐怖もなくすべてを神に委ねた祖母の姿は、崇高でさえありました。まさに信仰の力を見る思いでした。そしてその葬儀の中で、あらためて霊魂の実在と永遠性を実感させられました。これを機に私の中で、共存していた「信仰心」と「資本論の世界」の微妙なバランスが一気に崩れ去り、一九七〇年三月の終わり、私は自らを整理しきれないまま、逃げるようにして大本に新天地を求めたのでした。

そんな時、出口王仁三郎の著書の中に次の一節をみつけ、自分の中で納得できる何かを見出せるような気がしました。「……ナザレの聖者キリストは神を楯としパンを説き、マルクス、パンもて神を説く……」

以来、私は、大本の教えを学び信仰の世界に身をおくことになりました。研修機関で三年間、教典の拝読、教義、茶道などの伝統文化からエスペラント、合気道、農に至るまで幅広く学ぶ機会を与えられ、その後大本本部に奉職し、平和運動、エスペラント運動、生命倫理問題など様々な活動に関わりました。大本本部を退職した今なお、綾部を基盤にライフワークとして取り組んでいる活動が世界連邦運動です。

世界連邦運動とはそれぞれの国の多様性を尊重しながらも、主権の一部を世界連邦機関に委譲し世界法治共同体を建設しようとするもので、軍事介入や、経済的制裁でなく「法の支配」によって世界が共存できる秩序を構築しようとするものです。アインシュタインや湯川秀樹博士らがその先頭に立ち世界連邦の実現を訴えました。ヨーロッパでは連合体の設立に向けての機運が高まると同時にフランスや、イタリア、ドイツ、デンマークなどの国々が憲法の一部を改正し、将来世界連邦的な機関が創設された際には主権の一部を委譲すると明記しました。日本では「憲政の父」尾崎行雄、キリスト者の賀川豊彦らが世界連邦建設同盟を創設し「世界連邦を国是に」との目標を高く掲げました。綾部市は、昭和二五年に全国に先駆けて「世界連邦都市宣言」を行い、一貫して日本の世界連邦運動のけん引役として活動を続けています。

二〇〇〇年に大本の働きかけもあり、綾部市とエルサレム市はミレニアムを記念して平和友好宣言を取り交わしました。三年後、当時の四方八洲男市長の発意により中東和平プロジェクトを計画、イスラエルとパレスチナ双方から紛争・テロにより家族を亡くした高校生一六人を綾部に招きました。現地では決して会うことのない子供たちを、日本でホームスティや日本文化の体験を通じ交流する機会をつくり、相互の信頼感を醸成しようとするものです。果せるかな一週間の滞在で彼らは見事に期待に応えてくれました。「親の世代では和平は無理かもしれないが、私たちの時代には必ず解決したい」と肩を抱き合いながら友情を育みました。

日本人は物事の究極の解決策として「水に流す」文化を持っています。これは、協調、調和、寛容、惻隠など日本人独特の精神文化、宗教性から生まれた平和共存の知恵であり、豊かな自然の中で培われた懐の深さとおおらかな感性によるものです。日本こそが多様な価値を受け入れ、リスペクトできる精神性を醸成できる最高の舞台でありましょう。今後の宗教間、民族間の和解、赦しあいに微力でも貢献できればと思う昨今です。

大本教信徒として生きる

鹿子木旦夫

――ぶしつけな質問ですが、大本に入るきっかけは何ですか？

鹿子木　私の家は前から大本信徒で、子どものころから大本の教えや習慣にそって育てられてきました。例えば朝夕の家族そろっての礼拝とか肉を食べないとか。信仰を中心とした生活でした。一九六六年、高校を卒業して大学進学のため上京しました。浪人しましたが、家庭状況から仕送りは期待出来ませんでしたので、新聞配達をして自活せざるを得ませんでした。私が世話になっていた新聞販売店は神田神保町にありました。当時裏通りには小さな印刷屋さんなどの零細企業が多くあり、そこで働く女性等の労働条件の厳しさに悲憤慷慨してましたね。そんなことから、いろいろ矛盾を感じたりする中で正義感に燃えて、社会運動に足を突っ込むようになり、マルクスに惹かれていきました。オルグされて社会主義協会のメンバーとなりました。大学に入ってから本格的に『資本論』を勉強するようになりましたが、『資本論』は私にとって、未知の希望あふれる世界でしたね。理論武装というより生きていく上での絶対的な価値観を身につけるという感じで「学ぶ喜び」を感じていました。

大学に入っても新聞の配達で学費を稼ぎました。当時は新聞配達などをする苦学生はけっこう多かったですね。新聞屋さんは朝が早いし、付随する集金業務そして休みがないなど労働条件は厳しいものでした。それで、同じ新聞配達の学生で組合をつくることになりました。一九六八、九年でした。その後、新聞輸送、新聞社内のアルバイト学生も含めて全臨労（全臨時労働者組合）が結成されました。神田で結成大会を行いましたが、大変な人と熱気に包まれていたことを思い出します。私が初代の委員長を務めましたが、全臨労には、それこそいろんな党派の活動家が結集してきました。ブント、革マル、青年インター、中にはＭＥＬＴ（メルト）と名乗る東大の活動家集団もいました。穏健派から過激派まで、またそれぞれの思惑もあり、組織を取りまとめるのは大変でしたね。しまいには何のためにやっているのかという疑問をもちました。

丁度そういう時に、音信も途絶えていた祖母が病気で臨終の床にあるという知らせが、偶然が重なって耳に入りました。私は祖母にとてもかわいがられていましたから、どうしても会いたいと思い立ち、数年ぶりに故郷に帰ることになりました。そうはいっても貧乏学生ですから、金もないし着ていくまともな服もありません。仲間からカンパを集め、そこそこの服を調達して帰り、祖母の臨終に間に合いました。

祖母の臨終は、それは見事なものでした。「ありがとう、ありがとう」と周りの人に声をかけ、実に満足して堂々と死を受け容れて亡くなりました。私は深く感じるところがありました。というのは、それよりも前に、私が知っていたマルクス経済学の先生がいたのですが、その人は病気で死が近づくと非常に悩み、というよりもうろたえていました。科学的社会主義では死を目前にした恐怖感を克服できなかったのでしょう。そのことがずーと心に残っていた私には、祖母の見事な死にざまはとてもショックでした。祖母は特に教育を受けた人でもありませんが、熱心な大本信徒です。信仰の力の偉大さを知ることができました。

さらにもう一つの体験がありました。祖母の葬式が行われたのですが、そこで大本の祭儀にしたがって「招魂」という儀式をやるのですが、その時に、私は全身が強く震え、涙がとどまることなく流れ、号泣しました。悲しみの涙でもないのです。ただ泣けるのです。私にとって霊魂の実在を確信した瞬間だったのです。まさに「招魂」、祖母の〈魂〉が降ってきたという実感だったのです。

――ビックリするほかないお話です。大本の教義は何かというのは難しい話になりますから、エピソード的なことで聖師出口王仁三郎について何かありますか？

鹿子木　左翼に関心があるようですから、それに絡んだ話と言えば、こういうことがあったようです。大正四、五年の話ですが、三田村四郎という共産党の幹部が警察に追われ、大陸に逃亡する計画を立てていたそうですが、妻に逃げられ生まれたばかりの乳飲み子を抱え先行きに難渋していました。三田村は、もとより聖師に伝手も面識もありませんでしたが、立場に窮し万策尽きて恥も外聞もなく、聖師を訪ね、乳飲み子を預かってほしいと懇願したそうです。そのとき聖師は理由を問いただすこともなく、逃走資金さえ提供して、その子を受け入れ、「自分の隠し子」として熱心な信者に預けました。当然、妻の二代教主出口すみ子の耳に入り、激怒しましたが、聖師はひたすら平謝りするのみだったそうです。

以後、三田村が帰国して娘と対面するまでの二〇年近く、娘本人も聖師の妻も周囲の人々も皆「聖師の隠し子」と信じて疑わなかったそうです。共産党に限らず、聖師は誰であっても助けを求めてきた人は受け容れ、助ける生き方を終生貫いたのです。

――王仁三郎はいずれ真実は明らかになると見通していたのでしょうか。

鹿子木　そういうことではないでしょう。聖師にとっては、今そこにいる三田村とその娘を助ける、そのために一番よい方法は何なのかが問題なのであって、自分がどうなるかということはまったく意に介していなかったのでしょう。自分が周りからどう理解・評価されるかはどうでもよいことなのです。

――少し前にアメリカのクエーカー教徒について、彼らは「行為の結果や効果」ではなく、〈行為〉そのものに意味があると考えているから、集会なんかでも何人集まるとか宣伝できるということは考えずに、ただ〈行為〉として実践するという話を聞きましたが、同じことなのかもしれませんね。

鹿子木　大本には「刹那の最善主義」という言葉があります。あれこれ計算をせずにその時その時に最善を尽して生きるということです。

また、別のエピソードですが、第二次大戦のさなか、出征兵士に寄せ書きする際に「大勝利」と大きく墨で書くのですが、その上に小さく「我が敵」と書き添えるのです。かなり早い時期から敗戦を予言しておられたんですね。

エスペラント語を一九二三年に取り入れたのも聖師の大きな仕事の一つです。亀岡の聖地天恩郷にエスペラント語の碑が置かれています。「UNU DIO、UNU MONDO、UNU INTERLINGVO」と書いてあります。訳すと「ひとつの神、ひとつの世界、ひとつの言葉」です。大本の活動の目標を標語的に表現したものです。因みに「一つの神」は宗教協力、宗際活動、「一つの世界」は世界連邦運動、「一つの言葉」はエスペラント普及運動です。

――綾部の至聖所は本宮山だとのことですが、山上に建っていた神殿が第一次の弾圧（一九二一年）で取り壊されたときに、のちの三代教主（聖師の長女）、当時一九歳の直日師が建物は壊されても心の中の神殿は壊されないと詠ったのでしたね。その本宮山は今は「禁足地」となっていますね。

鹿子木　そうですね。「よしやこの神の宮居をこわすとも胸にいつける宮はこはれじ」と無念の思いを詠んでいます。その後、聖師によって十字型の長生殿の建設が構想され、起工式も終わり礎石が整えられた段階で第二次大本弾圧（一九三五年）が勃発、またもや破壊されました。出口直日三代教主の無念の思いが七〇年の星霜を経て、先ほどご案内した長生殿に結実し建ち上がったといえます。

本宮山で思い出しましたが、一九九二年にシリアのイスラム教の最高位にあるクフタロ師が綾部を訪問され、本宮山にお登りになり礼拝されたのですが、その時に「アラーの神と大本の神は同じである」と喝破されました。大本では「万教同根」を説き、一九二五年には北京で世界宗教連合会を発足させ宗教協力、宗際化（宗教の国際的交流）運動が始まりました。弾圧事件で中断していましたが、この時からイスラムとの本格的な交流が始まりました。この年、大本から四人がシリアに招かれその後クフタロ師のご案内でメッカに巡礼しています。「大本信徒はムスリム、ムスリムはすべからく大本信徒」とのクフタロ師の言葉を実行したものです。

私も六年前、中東を旅したときシリアのクフタロ師のモスクに招かれ、金曜礼拝に参拝、大勢の前で紹介され挨拶したことがありました。

――「宗際」という言葉ははじめて伺いましたが、ニューヨークの聖ヨハネ大聖堂で大本の祭典を行ったと知ってビックリしました。

鹿子木　一九七八年と一九八〇年です。ニューヨークだけでなく、ロンドンのカンタベリー大聖堂でも同じようにやりました。その際に金剛流の能「羽衣」を奉納しています。十字架輝くなかで能を舞う、歴史上初めてのことです。一般には「宗教は芸術の母」といいますが、聖師は「芸術は宗教の母」と示し、また「広大無辺の大宇宙を創造したもうた神は、大芸術者でなければならぬ。天地創造の原動力、これすなわち芸術の萌芽なり」とも述べています。信仰即芸術即生活の境地を目指す所以です。ですから、神殿の設計も長生殿の付属施設として野外の能舞台と茶室があります。亀岡の万祥殿にも拝殿の中に能舞台が設えてあります。大本では修行とは滝に打たれるとか、断食するとかではなく日常生活のなかで、自然の営みの中で神を見出し、心を磨くことと示されています。

ニューヨークやカンタベリー大聖堂での祭典のきっかけはヨーロッパ、アメリカで開催した王仁三郎聖師とその一門の作品展でした。芸術を通じて宗教交流の花が開いたといえます。芸術と宗教は一致すべき途にあるという証左でもあったと思います。

一九七九年にはモーゼが「十戒」を受けたエジプトのシナイ山のふもとで、キリスト教、イスラム教、ユダヤ教の一神教をはじめ世界の主要な宗教者による合同礼拝が行われ、大本も参加しました。「万教同根」を基底にした対話、和解、一致への世界的な出発点でした。

――大本では臓器移植に対して明確に反対の意志を示していますが。

鹿子木　大本では、人は霊魂と肉体の複合体であり、死とは人の本体である霊魂が肉体から離脱することであり、心臓と呼吸が停止し瞳孔が散大したその時が死であります。さらに人の身体は自分一代かぎり神からお預かりさせていただいているものと考えています。ですから、「脳死」という言葉はあくまで臓器の摘出を合法化するためにつくられた法律上の概念であり、極論すると脳死における臓器移植は合法的な殺人行為ともいえます。また臓器の資源化、商品化につながり生命の尊厳を落としめ、日本人の伝統的な精神性を否定する風潮を生みだします。臓器移植医療は人間の驕りであります。神聖な領域に土足で踏み込むような発想であり、医療技術であり、倫理なき科学の暴走であります。教団挙げて反対運動に取り組み、二〇〇〇年には署名を八七万人集めて政府に提出しました。政府のドナーカードに対抗しノンドナーカードを作成、配布活動も継続しています。

――最後に、福島の原発事故に対して一言聞かせてください。

鹿子木　価値観の大転換を促す大きな問題として捉えています。脳死臓器移植と同様に倫理なき科学の暴走の結果であると思います。使用済み燃料の安全な処理方法さえ確立されていない段階で、「原子力の平和利用」という美名のもとに原発の設置、稼働を許してきたという点でも、深い反省が必要だと考えています。いずれにしても核と人類は共存は本来出来ないと思います。ドイツなど脱原発にすでに舵を切った国もありますが、二度の原爆の洗礼を受けた日本が率先して脱原発、自然エネルギーの開発を行う義務があると思います。人類の生命を育む地球、大自然との共生を軸にした価値観への転換が急務です。

――価値観の転換ということですが、もう少し展開していただくと……

鹿子木　大本は明治二五年（一八九二年）節分に、開祖出口なおの産声神諭といわれる「さんぜんせかいいちどにひらくうめのはな　もとのかみよにたてかえたてなおすぞよ」との大獅子吼とともに開教しました。開祖は「利己主義（われよし）弱肉強食（つよいものがち）」が人間の堕落の原因であると繰り返し戒め、人民に改心を求めています。神、自然への感謝の念を取り戻すことと、自分さえよければという考え方を正すことが求められ、それができなければ「人民三分になる＊」と警告しています。「立て替え立て直し」の根本は一人ひとりの改心にあると説かれています。

こうした開祖のお示しとともに聖師は来るべき理想社会、大本では「みろくの世」と呼んでいますが、その姿、実現への道筋についても膨大な著作の中で詳述しています。宗教、政治、教育、法律などすべての変革が必要であるけれども、現実的な課題としてまず経済の根本革正が必要であるとしています。聖師の経済論を一言で説明するのは難しいのですが、一つには金銀為本を廃し、土地為本にということを提唱しています。土地、空気、水、エネルギー資源などは、全て神から与えられたものであり、人類が共有すべき賜物であるという考え方が前提としてあり、資本や土地などの独占を厳しく戒めています。土地や生産物を一部のものが自由に独占できる手段として金銀為本の財政経済が作用し、万般の弊害が起こっているというものです。「天産自給」の原則もその基底にあり、グローバル化のなかでの国家経済に示唆を与えるものと思っています。

――大変に貴重なお話をとてもありがとうございました。

（聞き手：村岡到）

＊「人民三分になる」とは、人類滅亡の危機に瀕するの意味。

創価学会の初心に戻れ
——国会議員の活動に踏まえて

二見伸明

沖縄でデニーさん勝利！

——まず、沖縄県知事選挙（二〇一八年九月三〇日）での玉城デニーさんの圧勝でよかったです。二見さんには「沖縄を自分の問題として考える会」の呼びかけ人になっていただき、有難うございました。二見さんはご自身のツイッターで何度もデニーさん支持を呼び掛け、選挙告示日に「赤旗」に登場したり、「日刊ゲンダイ」に大きな記事が出て（同月二八日）、話題になりました。

二見　本当によかった。本来、地元の公明党や創価学会は、一貫して「基地のない沖縄」を願ってきたのです。沖縄の公明党議員は選挙の時には「基地反対」を主張して当選してきたのです。ツイッターでは「自民党の候補を応援することは、沖縄を半永久的にアメリカの基地にするということ。それでいいのか」と訴えました。予想以上に大きな反響がありました。

公明党本部は前回の選挙では自主投票だったのに、今回は日本会議のメンバーでもある佐喜真淳候補を支持して本土から動員をかけ、期日前投票に全力あげました。九月一〇日には会長の原田稔氏が沖縄入りしましたが、沖縄の選挙ならせいぜい九州の最高責任者程度で、会長が行くのは異例です。沖縄の公明党は辺野古基地建設に反対なんだから、前回同様、自主投票にすればよかったのです。

もともと、学会の池田大作名誉会長は著書『新・人間革命』で「核も基地もない、平和で豊かな沖縄になってこそ本土復帰である」と書いています。「基地のない沖縄」は創価学会の基本理念なのです。だから、沖縄の公明党、学会員は辺野古基地建設にずっと反対なのです。それが、今日から容認派を応援しろ、と言うのではおかしな話です。学会員の中には、「ハイハイ、分かりました」と素直に応じる人もいるでしょうが、「本当にいいのかな」と疑問を感じる人も多いはずです。だから、党本部の締め付けに反対して、デニーさんを応援する学会員が現れました。「赤旗」でも報道されました。玉城候補の演説会に、一人で学会の旗である「三色旗」を持った学会員の姿がありました。少数ながら行動に移す学会員もいるということです。黙ってはいても、内心は容認派を支援することについて疑問を持っている学会員は少なくないと思います。その結果、出口調査などでは学会票の三割もがデニーさんに投票したということです。これがデニー圧勝の大きな力になったのだと思います。

――開票直後に、勝利が確定したデニー候補の会場で「三色旗」が目立つように振られていました。ＮＨＫのニュースでしたから、影響は大きかったでしょう。

二見　宗教的な立場から言うと、この沖縄県知事選挙は仏道修行ではありません。候補者が公明党員でマジメな創価学会の信者であれば、広い意味で仏道修行といえるかもしれません。だけど、佐喜真候補は極右の日本会議のメンバーです。日本会議は創価学会と全く相いれません。佐喜真候補を一生懸命応援したからといって、功徳は絶対にありません。「佐喜真候補を応援すれば、功徳はあるよ。玉城なら罰が当たるよ」と誘導するのはパワハラです。

――現在の沖縄と基地の関係をどのように見ていますか。

二見　米軍基地でメシを食わせてもらっているという時代は終わったのです。一九七二年の沖縄返還前に、国会の委員会から派遣されて沖縄に行ったことがあります。学会が推薦した人から、「私たちも沖縄の基地の全面返還には大賛成です。だけど基地でメシを食っている人も大勢いるのです。言い方に気を付けてください」と言われました。確かに、五〇年前の沖縄にそういう側面があったのは事実です。基地関連収入が沖縄経済に占める割合は、一九七二年の本土復帰時には一五％もあったのに、現在はわずか五％に過ぎません。状況が違っているのです。米軍基地に依存しないで、メシを食っていけるんだという自信が出てきています。むしろ、基地は沖縄の経済発展の最大の阻害要因であることは、沖縄の経済界の共通認識になっています。例えば、基地がなければ観光はもっと伸びる。そうした認識をつくり上げたことは翁長雄志知事の大きな功績です。

――選挙の一〇日前に自民党総裁選挙で三選された安倍晋三首相には大打撃になるのではないでしょうか。

二見　翁長知事の誕生に続いて二度も明確に県民の意志が示されたのですから、大変です。しかし、安倍首相はリベンジを策しています。島尻安伊子氏を内閣府大臣補佐官（沖縄振興・子どもの貧困緊急対策担当）に任命したことです。彼女は、三年前の安倍内閣で内閣府特命担当大臣（沖縄及び北方対策・科学技術政策・宇宙政策）に任命されました。沖縄県出身の閣僚で四人目でした。ところが、翌年の参議院議員選挙で三選を目指して沖縄県選挙区から出馬したのですが、元宜野湾市長の伊波洋一氏に敗れ、落選したのです。来年の参議院議員選挙での返り咲きを狙っています。その布石として大臣補佐官に任命されたのです。沖縄の市町村長に対して、地方交付金の上乗せをエサにして自身への支持を働きかける戦術です。伊波氏と二人で「沖縄の風」として活動している糸数慶子さんの対抗馬です。知事選では二連勝ですが、市町村の首長は政権与党派のほうが多いですから、安心はしていられません。

安倍壊憲策動の危険性

――安倍首相が狙う壊憲策動にはどういう影響を与えますか？

二見　公明党の動向が非常に重要だと思います。山口那津男代表は、安倍首相の誘い――まず自民党と公明党で憲法改正案について検討する提案を強く拒否しています。二四日から始まる臨時国会でどうするかが問題です。私は二つの道があると考えています。

一つは、国会に正式に自民党案を提出して強行突破を狙うことです。臨時国会は会期が短いですから、継続審議にするか廃案にするかが問われます。この時に公明党がどうするかが焦点になります。継続審議に賛成すれば、それは自民党案支持に直結します。重大な選択を強いられることになります。

もう一つは、国会に自民党案を提出するのではなく、憲法審査会の幹事会に案を示してそのたき台を検討するやりかたです。野党が審議する必要がないと突っ張ることも可能ですが、そこで、自民党から最大の争点となっている「9条改憲」を引っ込めて、緊急事態条項についての改正に変更するという修正案を出す道があります。これだと、公明党の言い分を聞き入れたという体裁を作ることが出来るし、総裁選挙で負けた石破茂氏の意向にも合います。その場合に公明党がどうするのか、難しい選択を迫られます。私は、その危険性が高いと考えています。

「創共協定」について

——「昔の話」になるかと思いますが、一九七五年に話題となった「創共協定」について当時のことを教えてください。

二見　七〇年に藤原弘達の本をめぐっていわゆる「出版妨害事件」があり、池田会長が「猛省」を発表し、当時、公明党は「革新連合政権構想」を打ち出していました。共産党と激しく対立し論争もしていました。そういう流れのなかで、七四年末に学会と共産党のトップ幹部の間で秘密裡に協定が結ばれ、翌年、公明党にも知らされました。そのころ、私は浪人中で、公明党の中央執行委員でした。それで、池田会長から話がしたいという意向が伝えられ、八王子にあった学会の施設に行きました。私は、創価学会と共産党が協力するという「創共協定」には大きなロマンがあると考えていましたから、そう話しました。でも公明党指導部のなかでは私を除いて全員が「創共協定」には反対でした。公明党の中央執行委員会では参議院の法務委員会の委員長をしていた多田省吾副委員長が彼のところに伝えられる公安当局の意向――共産党との協力は許さない――を報告しました。公明党は七〇年代から参議院の法務委員会の委員長ポストをおさえていました。現在もそうです。当時、公明党のトップは竹入義勝氏でした。矢野絢也氏が書記長。彼らの働きかけで、池田さんは初志を貫くことができませんでした。結局、「共闘なき共存」という線で「創共協定」は「死文化」しました。池田さんにとっては不本意なことではなかったかと思います。

公明党の今後はどうなるか？

――公明党の今後についてはどのようにお考えですか。

二見　公明党本部は地方自治を全く分かっていません。本来、地方と国は対等な関係なのに、安倍政権は国が上、地方が下という上下関係でとらえています。だから、「国が言うことを全部聞け」と地方に押し付けます。今回の公明党本部の沖縄への対応も安倍政権とまったく同じことをしています。

沖縄の基地問題以外にも公明党は、安保法制や共謀罪など、学会の基本理念とまったく相いれない政策で自民党に全面協力しています。二代前の神崎武法代表以降、公明党は連立政権に入って政策を実現する路線に転じました。

基本理念に反する時は、ちゃぶ台をひっくり返して連立政権から引き揚げる、そういう度胸があれば、連立政権参加は一つのやり方です。しかし、公明党は連立離脱の構えすら見せない。二〇一四年の集団的自衛権行使容認の閣議決定に公明党はどれだけ抵抗しましたか。結局、自民党の言いなりで、創価学会は利用されるだけです。公明党は連立政権のブレーキ役にもなっていない。学会に対しては「もう生臭いところから手を引いて中立でいろ」と言いたい。

ある農家の学会員がこんな話をしていました。「公明党はイヤだ」と言うと、学会の幹部は「公明党が連立の中にいるから安倍政権が暴走しないんだ」と説明したというのです。これに対して私が、「共謀罪の審議で参院の法務委員長は公明党だったのに、共謀罪の強行採決を止めなかった。ブレーキ役という説明は三〇〇％ウソだ」と言ったら、その学会員は納得していました。最近は学会員でも選挙で公明党に投票しないという人が増えています。だから公明党の総得票数が減っているのです。昨年の衆院選の比例で七〇〇万票を割りましたが、これからさらに票が減るようなことがあれば、創価学会は公明党、ひいては政治との関係を本気になって考え直す必要に迫られます。

――「日刊ゲンダイ」の二見さんの記事には、聞き手の話として「共謀罪の成立直前に信濃町の創価学会本部周辺で、学会員五〇人にアンケートをしたら、七割以上の人が共謀罪を知らなかった」と書いてあります。学会員の政治意識はそれほど低いのでしょうか。

二見　昔は活発な議論があったように思います。例えばPKO法案について、学会員から「よく分からないから説明してほしい」と言われ、何度も説明に出かけました。今は、公明党が学会員に政策の解説をきちんとしていません。だから共謀罪もほとんどの学会員が知らないのです。公明党が言っていることだから信用してくれ、従ってくれというスタンスです。

毎年、池田さんは、創価学会インターナショナルの会長として「提言」というのを一月二五日に発表しています。今年も出ました。かなりの内容で、例えば話題の「核兵器禁止条約」について、日本も批准するようにと主張しています。これは、署名もせず批准を拒否している安倍政権とそれに追随する公明党のスタンスとは真逆です。学会員はどういう反応を示すかというと、「学会は筋を通している。しかし、政治の世界は妥協が必要だから仕方ない」ということになります。それではいけません。公明党に対して学会の基本的立場を貫けと主張しなくてはいけません。

ロマンを語る政治家の不在

――二見さんは、一九九四年末に新進党結成に参加し、九八年一月に自由党に参加して、総務委員長にも就きましたが、長い国会議員活動を通して日本の政治についてはどういう評価・印象を持っていますか。

二見　一九九〇年代は九三年に細川護熙連立政権が誕生したり、それがすぐに倒れて、新進党が出来たりすぐに解党したり、変動の激しい時期でした。大きく言えば、それまで社会党が主張していた「非武装中立」で良いのかどうかが問われました。公明党は、「自衛権はある」という立場で、「個別的自衛権はあるが、集団的自衛権は憲法違反で認めない」という立場です。基地の話で触れましたが、連立政権という戦術は、基本理念に反する時は、ちゃぶ台をひっくり返して引き揚げるという覚悟が前提です。それがいつの間にか「与党ぼけ」してしまったことが最大の問題だと思います。

それから、日本の政治全体で見ると、どの党にも壮大なロマンを語る政治家がいなくなったと言えます。二世、三世の世襲議員が増えて、高級官僚上がりや大企業のエリートが幅を効かすように変わりました。

共産党については、私の現役時代には「朝まで生テレビ」などで副委員長の上田耕一郎さんとも何度も同席し、収録後に会話したことがありました。共産党には党独特の「方言」が多すぎると率直に注文しました。志位和夫委員長とも話したことがありますが、「ストレス解消にピアノを弾くことがある」などと言っていました。書記局長の小池晃さんなど若い議員は、人柄もよく、気さくに会話できる人が多いと感じています。だから、国政選挙でも沖縄の選挙でも、私は支援行動に参加するし、「赤旗」も購読するようになりました。「赤旗」も私のことを報道します。

——貴重なお話をありがとうございました。

（聞き手：村岡到）

友愛社会主義の根拠と可能性
——宗教の現代的意義にも触れながら

碓井敏正

はじめに

雑誌『フラタニティ』の「私も読んでいます」のコーナーに、友愛についてわたしの考え方を述べた（第一六号：二〇一九年一一月）。その主旨は、社会主義における友愛の意義を評価するものであり、自由、平等の基礎に友愛を置かなければ、自由は孤立の自由に、また平等は形式的な機会の平等に偏向し、結果的に自己責任論を肯定することになる、というものであった。なおこの小文は、村岡到『左翼の反省と展望』（ロゴス、二〇二〇年）に再掲されている。

しかしわたしは社会主義者であることを自認しているが、これまで社会主義を友愛に関わらせて論じたことはなかった。なぜわたしの考え方が変わったのか、本稿ではその経緯を説明し、さらに友愛に基づく社会主義の根拠と、その可能性を論じることとする。

本稿の考察が、鳩山友紀夫氏が政治目標として掲げる友愛社会、また村岡到氏が追究する友愛社会主義の理論的補強のために、ささやかな貢献ができることを願う次第である。

1　マルクス理論と友愛原理
――わたしの思想遍歴から

なぜ友愛を軽視してきたのか、その理由について少し遠回りになるが、わたしの若い頃からの思想遍歴から始めたい。わたしは早熟で社会主義に目覚めるのが早く、高校時代には、日本の将来のあるべき姿は社会主義以外にない、と確信していた。自分にそう思わせたのは、当時（一九六〇年代）の貧困や社会的不平等に対する怒りであった。

高校の社研ではマルクスやエンゲルスそれに毛沢東などの文献を読み、またデモや署名活動など実践的な活動にも参加した。

大学（京都大学）では哲学を専攻し、大学院も含めデカルトを中心に近世合理主義の哲学を研究した。当時の京大の哲学科では、マルクスを研究テーマにすることは許される状況ではなかった。しかしマルクス主義の文献を一方で読みながら、デカルト研究に取り組むことに違和感は全くなかったと言ってよい。その理由は、両者に共通する哲学的性格、すなわち合理主義的性格にある。

もちろん二人が生きた時代は異なっており、デカルトの時代（一七世紀中葉）には、まだ社会科学的問題意識は存在していなかった。しかし、世界（自然）には一定の必然的な法則性があり、人間はそれを理性的に把握することによって対象を支配できる、という信念において両者は共通していたと言える。

この種の合理主義的認識論の前提にあるのは、「人間」対「自然・社会」の対立図式であり、一方で、「人間」対「人間」の関係に対する問題意識が抜け落ちている。したがって合理主義的認識論には、友愛のような人間的原理が入り込む余地はないのである。マルクス主義に人間論が欠けている根本的理由はこの点にある。なお科学性を強調する「科学的社会主義」という呼称には、このようなマルクス理論に基づく社会主義の性格がよく現われている。

問題なのはこの種の社会主義論が、われわれをやや一面的な運動論へと導く点である。すなわち社会の矛盾を科学的に認識すれば、あるいはそのような認識が広まれば、社会変革が実現するという思い込みである。このような社会主義論では、宗教は科学的認識を阻害する有害な存在ということになる。

しかし、哲学者のヒュームが「理性は感情の奴隷である」と述べたように、人間は感情によって行動する動物であり、心が揺さぶられない限り人は動かない。理性的認識は社会的矛盾や支配者への怒りなど、感情によって媒介される時に、はじめて社会変革の動因となるのである。

とは言え、マルクスの言説（特にその初期）に全く人間への言及がなかったわけではない。それは、「類的存在」「共同性」といった概念にあるように、人間の社会性への言及である。しかしそのような人間の社会的本性は、現実には私的所有を本質とする資本主義的生産関係によって疎外されており、それを廃絶するのが、前衛党によって導かれた労働者階級による政治革命である。そして疎外から解放された人間は共同的本性を回復し、さらに生産力の発展による分業の廃棄により、全面発達の可能性が与えられる。

現在からみれば、思弁的でややロマンティックなマルクスの人間観ではあるが、現実経験に乏しく、合理主義と理想主義に捕らわれていた若き学徒にとっては、これ以上は不要であった。

2 国家権力の問題と社会主義

人間対人間の関係の重要性に気づきながらも、わたしは友愛に対して、特別の関心を抱くことはなかった。その最大の理由は、他者との関係よりも「個人の自由」を何よりも重視する、わたしの政治的リベラリズムの立場にある。個人の自由を前提としない社会主義の危険性は、ソ連体制を見れば分かるところである。専門的に言えば、自由を第一原理とするJ・ロールズの正義論の立場であるが、彼の正義論は長い間、わたしの社会哲学の原点であった。

個人の自由を何よりも重視するリベラル派にとっては、国家は個人の自由の実現にとって危険な存在であり、これを保障するために権力の行使は厳しく制限される必要がある。一方、社会主義はその体制の実現と維持のために、国家権力の行使に依存するところが大きい。それだけに、個人の自由を重視するリベラル派にとって、社会主義は警戒すべき体制ということになる。

社会主義における国家の問題にどう向き合うべきか、この点はあらゆる社会主義が答えるべき重要な論点である。この点に関わって、マルクスの構想した社会主義は「自由な個人からなるアソシエーション」であった、という議論がある。しかし現実に国家が存在する限り、個人の自由を前提とする国家論がやはり求められる。社会主義の精神を護り、他方で国家権力の危険性を極小化することは、現代におけるすべての社会主義者に課せられた最重要の課題なのである。

この問題に対するわたしの立場は、国家機能の市民社会への再吸収を目標とする、成熟社会論である。この考えは社会主義革命による階級対立の消滅後に、国家の死滅を展望するマルクス理論とは異なり、資本主義の体制内における漸進的な変化を重視する。その変化には、政治的レベルでは自治の拡大や市民の政治参加、経済的レベルでは協同組合やＮＰＯなど第三セクターの拡大などが含まれる。すでに現実に進行しているこれらの傾向は、国家機能を縮小、変化させることによって、その弊害を漸減させる可能性を有しており、友愛社会主義の国家論にヒントを与えるものであろう。付け加えて言えば、ソ連体制の矛盾の一因は、国家論や権力論を欠いていたマルクス理論にもある。権力の危険性については、マルクスと対立していたプルードンなど無政府主義者の方が、より鋭い問題意識を持っていた。またかれらが協同組合など互助的組織を重視していたことは、大変示唆的である。

なお政党組織を含め、権力の独自の論理については、拙著『成熟社会における組織と人間』（花伝社、二〇一五年）を、また成熟社会論については、大西広氏との共編著『成長国家から成熟社会へ――

福祉国家論を超えて』（同、二〇一四年）を参考にして頂きたい。

3　「個人の自由」と友愛社会主義

ところで、国家権力の制限あるいは縮減によって個人の自由の保障が担保されれば、それで社会主義への道が開けるわけではない。というのは、自由の性格の問題が残っており、それが社会主義に新たなハードルを課しているからである。その理由は以下の点にある。

近代憲法で保障されている個人の自由は、Ｉ・バーリンが『自由論』で述べたように、他者からの干渉を受けない消極的性格にその特徴がある。他者との区別と分離を前提とするこの種の自由は、友愛社会主義にとって厄介な存在である。というのは、このような性格を有する自由と、友愛や連帯といった他者志向的な理念とは対立的な関係にあり、両者を接続するのは容易ではないからである。

近代個人主義のさらなる問題は、政治学者のＣ・Ｂ・マクファーソンが「所有的個人主義」と名付けたように、個人は自己の利益の極大化を図る経済的主体であり、そのため排他的性格を帯びているという点である。このロック以来の所有権の絶対的重視は、自由の保障とともに近代個人主義の中心的性格をなしている。先進国における自由主義的民主主義は、このような消極的自由と所有権の確保を特徴とする、近代個人主義に適合した政治形態なのである。この体制が友愛や連帯といった理念によって、国民を統合する社会主義体制とは、対照的な体制であることは容易に分かるであろう。

さらに自由主義的民主主義は、間接民主主義（代議制民主主義）と結びつく。この体制では、政治的決定は政党に委ねられ、主権者たる国民は直接的に政治的決定に関わることはない。なおこの点は、日本国憲法の前文では「日本国民は、正当に選挙された国会における代表者を通じて行動し……その権力は国民の代表者がこれを行使し」という文章によって明記されている。主権者としての個人は、現実には、政治は政党・政治家に任せ、その恩恵を享受する一方で、自らは経済的行為に励むというあり方を、基本としているのである。

経済学者のJ・シュムペータは、代議制民主主義を政党による競争的民主主義として受け入れたが、その役割を否定することはできないとしても、現代の民主主義の実態を見れば分かるように、政党・政治家に偏った政治システムのあり方が、結果的には、政治への無関心と民主主義の空洞化、さらに権力の暴走、そしてその反動として、ポピュリズムの台頭をもたらしたことを忘れてはならない。ポピュリズムが社会的分断を激化させ、民主主義自体を危機にさらしていることは、アメリカをはじめ、多くの国の政治状況が教えている。

このような個人と政治のあり様は、連帯や友愛を中心原理とする社会像とは大きく異なるものであり、友愛社会主義が立ち向かうべき現実である。しかしこの闘いに展望はあるのだろうか。

4　友愛社会主義の人間的根拠

そこでまず問うべきは、個人の真の姿である。果たして個人は、単に消極的自由を享受する孤立した存在であり、またそのような自由の行使に最大の喜びを見出す存在なのであろうか。しかしこれは人間の真の姿とは言えない。現実の個人は、家族や職場の一員として責任と義務を負った存在であり、また特定の民族とその歴史の中に位置づけられた共同的存在なのである。

確かにこのような共同的関係が、例えば女性差別のように、個人の尊厳を棄損する場合がある。その様な場合においては、自由や権利は個人の尊厳を守る切り札となる。しかしそのことは、自由や権利の主張がより望ましい共同的関係の条件であることを意味しており、自由や権利が人間の共同性の否定を意味するわけではない。

もちろん現実の生活や他者との関係が、様々な苦労を伴うものであることは言うまでもない。人が自分だけの孤独な時間を望むのは、かかる状況においてである。しかしそのような時間に耐えられないのも人間の本性である。むしろ生活上の様々な課題に取り組み、特にそれが仲間との協働によって解決される時、われわれはより大きな喜びを得るのである。

そのことは人間が、協働的・コミュニケーション的存在であることを教えている。そしてコミュニケーションの根本にあるのは、自分だけではなく、家族や仲間、さらに見知らぬ他者に対する配慮である。特に社会的弱者への共感と配慮は、共同的存在としての人間の本性に根差すものなのであり、そのためにわれわれは進んで彼らに支援や援助を行うのである。

ここで自己と他者との関係の本来の姿を、少し哲学的に説明しておこう。周知のように、アリストテレスは「人間は社会的（都市国家的）動物である」と述べていたが、その社会性は、お互いを自己の快楽と利益のために利用する手段的なものにとどまらない。この点を愛のあり方と関わらせて、アリストテレスは次のように述べている。愛には相互利用的な愛もあるが、それは非本来的でそれ故、解消しやすいものであり、相手のために善を願う愛こそ、永続的な真の愛である（『ニコマコス倫理学』８巻３章）。

またケアの哲学者Ｍ・メイヤロフによれば、ケアは自分の欲求を満たしたり、他人を利用したりするのとは正反対の行為であり、真のケアは相手の成長と、それを喜ぶ自分との関係において成り立ち、相互の自己実現をもたらすと述べている（『ケアの本質』ゆみる出版）。ケアは決して義務的に強いられた行為ではなく、相互の人間的成長をもたらすものなのである。

このように他者は人格的存在なのであり、自己がそのような相手の人格の善き部分と触れ合うことにより、永続的人間関係が形成され、それが人間の幸福の源となる。功利主義を超えたこのような人間関係こそ、社会主義、とりわけ友愛社会主義の前提となる人間関係と言うべきであろう。

5　友愛社会主義の課題

このような人間本来の姿を踏まえた上で、われわれが取り組むべき次なる課題は、民主主義の現状を再検討することである。現在の議会制民主主義は、果たして人間の社会的本性に相応しい民主主義の形態なのであろうか。この問題を考える上で手掛かりとなるのは、すでに述べた個人の本来の姿と、人間の協働的・コミュニケーション的性格にある。われわれは他者共感的な存在として社会的弱者に配慮し、問題を解決するためにコミュニケーションを交わすが、同時にそこでの合意が政治に反映されることを望むものである。なぜなら、社会的矛盾は国家の政策によって大きく規定されるからである。

ところがすでに述べたように、現実の政治は自らの権力の維持と特殊なイデオロギー（例えば自民党流の復古主義）の実現を至上命題としており、このような公共的意見に応えないどころか、資本の暴走による貧困と格差の拡大を放置し、また最近の日本政府のコロナ禍への対応が示すように、政治の最大の課題である国民の生命と健康の問題に対して、真剣な対応を行おうとしない。このように資本と国家が反社会的性格を強めている時、われわれに与えられた課題は、社会的弱者への配慮と連帯に基づく諸活動を強化し、資本主義の暴走を批判する公共的議論を巻き起こすことによって、政治をわれわれの手に取り戻すことである。

このような活動は一見、当り前の市民的活動に見えるが、人々の絆を回復することによって、社会の持続性を確保する極めて社会性の高い、さらに言えば、社会主義的な活動なのである。このような課題を重視するところにこそ、国家社会主義ではなく、また市場社会主義でもない、友愛社会主義の原点がある。

したがって、このような問題について、幅広い社会的合意を形成することは、社会主義そのものの役割と言うことができる。そのためには、孤立した個人を公共の議論の場に導くこと、そして国民的・公共的議論の中で、一定の価値判断に基づく共通の合意を形成することが必要となる。もちろんテーマによっては、意見が二分することもあろう。しかし貧困や差別が許されないこと、格差の異常な拡大が社会的絆を分断すること、平和と自然環境が人類の生存の基本条件であることなどについては、大方の合意が得られるであろう。これらの課題が、人間の社会的本質に深く根差しているからである。

なお公共的議論は社会主義政党も含め、いかなる政党や党派の勢力拡大に利用されるようなものであってはならない。市民社会における「公共的コミュニケーション」は、政党が主導する政治権力獲得のための「手段的コミュニケーション」とは、次元を異にするからである。このことは友愛社会主義が、特定のイデオロギーや世界観と結びつくものではないこと、また友愛社会主義の活動の基盤が、政治的世界にではなく、市民社会にあること、すなわち、そこにおける人々の社会的絆を維持するところにあることを意味している。

なお市民社会をどう定義するかは、どのような社会主義像を描くのかという問題と関わる重要な問題であるが、ここでは、国家や資本とは区別される、人々の自主的な結合関係（ＮＰＯや各種組合、教団を含む各種団体など）から成る社会を、市民社会と捉えておく。

6　ハーバーマスの連帯社会主義とその含意

さて公共的コミュニケーションと、それによる価値判断の形成を重視したのは、現代を代表する思想家のＪ・ハーバーマスである。彼はソ連体制崩壊直後に、社会主義勢力の将来的可能性について論じているが（「遅ればせの革命と左翼の見直しの必要」『近代未完のプロジェクト』岩波現代文庫、所収）、その議論は、われわれが今後の社会主義のあり方を考える上で大変参考となる。少し長くなるが、彼の議論を紹介しておこう。

ハーバーマスは言う。われわれの生活世界は「貨幣（資本主義）」と「権力」の支配にさらされているが、この二つの力に対抗できるのが「連帯の力」である。それは様々な民主的制度を通して自己主張し、政治過程に影響を与えることができるからである。仮に生活世界の要求が、既存の政治・経済システムに吸収され、体制に影響を与えることがなければ、社会主義を語る意味はなくなる。

彼がその具体例として挙げるのは、以下のような話である。富裕化した現代社会は、雇用が保障された勤労者層と、不安定雇用に苦しむ勤労者、また民族的マイノリティやホームレスなどに分裂している。権利と雇用が保障された多数派と、そうでない少数派との矛盾が公共的論議の場に取り上げられるのは、後者への配慮によって、すなわち「主題を道徳化すること」によってである。このように現代社会が抱える矛盾は、規範的問題意識に基づく連帯なしには、解決不可能なのである。

他者への配慮は、単なる同情や憐憫によるものではない。社会的分断を抑止し、社会の持続性を確保するための共通の課題だからである。反原発や核軍縮の問題も同様である。原発や核兵器の危険性は、それが置かれている地域だけの問題ではないからである。このように「利害を普遍化する」急進民主主義的な意思形成にこそ、社会主義的左翼の活躍の場がある。以上がハーバーマスの見解である。

社会主義の可能性を、規範意識に基づく連帯の力と、政治的、経済的システムに回収されない、公共的なコミュニケーションの活性化に求めるハーバーマスの議論は、社会主義の可能性を連帯に見出す、友愛社会主義の提唱と言っても過言ではない。

ところでハーバーマスの議論には、いくつかの含意がある。第一に、公共的議論を回復することは、すでに触れた議会制民主主義の形骸化を正すという意味がある。この点は、熟議民主主義や討議民主主義の可能性とも関わっている。議会制民主主義の形骸化を、社会的分断をもたらすポピュリズムを正当化する根拠とさせないためにも、われわれは現代における公共的議論の意義を強調する必要がある。

もう一つは「政治的テーマの道徳的主題化」に関わっている。リベラル派は個人の自由や決定権、例えば中絶や同性愛を罪とするキリスト教道徳から護るために、政治的世界から道徳的言説を排除しようとする（「善に対する正義の優先」の原理）。しかしコミュニタリアンのＭ・サンデルが言うように、道徳的要素を政治の世界から完全に排除することは、かえって質の悪い保守道徳を導き入れる可能性がある。

近年、リベラリズムが行き詰っているのは、共通善のビジョンを主張できないからであり、資本に対抗するコミュニティの自己統治と再建が、リベラリズムの再生につながるというサンデルの主張（「個人主義を超えて」『公共哲学』ちくま学芸文庫）は、わたしが唱える成熟社会論と合致するものであり、また友愛社会主義とも通底する意見である。

そう考えると、道徳への言及を避けげず、連帯や友愛など、より普遍的な道徳的価値を公共的議論によって、社会的合意へと高めていくことが重要であることが分かる。その意味で、われわれは道徳的判断にコミットせざるを得ないのである。

7　日本における友愛社会主義の可能性

ところで問題は国家や企業の統合力、さらに性別役割意識が強く、また差別的雇用形態などによって分断された日本型市民社会において、公共的議論がどれだけの可能性を持つのかである。この点について、われわれは決して悲観的になる必要はない。近年の国民の政治意識の動態、例えば無党派市民層の拡大などを見れば分かるように、日本型企業主義や性別役割分業の解体とともに、国民の意識は変化しつつある。また公共的議論を阻害してきた、利益代表型民主主義も変わりつつある。

このことは公正な価値判断に基づく、公共的議論の可能性の拡大を意味している。なお近年におけるＳＮＳなど情報化の進展は、問題をはらみながらも、公共的意思形成に有利な条件を与えている。

このような市民社会の成熟傾向の一方で、日本では高齢化による独居老人や引きこもりの増加など、社会的ケアが必要な弱者が増加している。もともと国家と個人を媒介する中間団体が手薄い日本では、社会的弱者が孤立しやすい環境がある。

現実の課題としてわれわれが特に向き合うべきは、近年における貧困と格差の拡大である。貧困率（平均所得の半分以下）について見れば、日本は主要先進国の中でアメリカに次いで高い状態にある。また非正規雇用、特に女性の雇用の不安定化と低収入は、人間的生活を阻む水準にある。特にシングルマザーの貧困率は五〇％を超える水準にある。また子どもについて見れば、七人に一人が貧困家庭の子どもである。加えて教育格差の拡大により、貧困が再生産される構造が、すでに出来上がっているのである。この現状は、新型コロナ感染症による経済活動の縮小により、さらにその深刻度を増している。

特に貧困と格差の階層的固定化と教育を媒介とした再生産は、社会を分断するものであり、一刻も早く国家による再分配政策や福祉政策によって、修正されねばならない。国民的分断が民主主義を危機にさらすことは、トランプ政権を生み出したアメリカの現実が教えている。民主主義は国民の間における一定の平等な生活水準を前提とすることによって、はじめて機能するものなのである。

このような現実の反映であろう。日本人の幸福度は諸外国と比べ、驚くほど低い。また若者をはじめ、自殺率の高さも突出している。このような現状を放置し、大企業と金持ち優遇の成長政策を続ける自公政権を退陣させることは、社会的共同や人々の絆を重視する人々にとって急務の政治的課題である。しかし仮に政権が代わったとしても、これらの矛盾がすぐに解決されるわけではない。それ故、われわれは市民社会レベルで、社会的絆を回復するための地道な活動を強化していく必要がある。すでに多くのNPOやボランティア団体それに公益法人が、子ども食堂やフードバンクまた無料塾など多様な活動を展開しているが、このような活動の裏付けによって、はじめて国レベルでの社会主義的変革が実を結ぶのである。

ところでこれらの活動が拡大するためには、分断を超える社会連帯の精神を広く、社会に根づかせることが必要である。そのために最も求められる思想が、人間の社会性、共同性を何よりも重視する、友愛社会主義であることは明らかであろう。

8　宗教と友愛社会主義

友愛社会主義を語る際には、宗教との関係を論じないわけにはいかない。友愛は多くの宗教にとって、その中心的原理だからである。例えば「隣人愛」は、「神への愛」と並ぶ、あるいは「神への愛」を実証するキリスト教の柱となる教えであり、そのためキリスト教は、マザー・テレサの活動に代表されるように、弱者救済のために様々な活動を行ってきた。キリスト教が「愛の宗教」と言われるゆえんである。また大乗仏教では、慈悲は根本原理であり、イスラム教においても弱者救済は神の掟である。

もちろんキリスト教の愛と仏教の慈悲とでは、その意味が異なるように、宗教によって愛の意味と位置づけは異なるであろう。しかし他者と自己を平等な存在と見なし、他者を気遣う点では、同じと見ることができる。古代においてキリスト教が弱者の間で広まったのは、まさにこの愛と平等の思想によってである。また中世日本において仏教が民衆の間に広まったのも、仏の慈悲の平等によるものである。その意味で、明治期から始まる社会主義運動のかなりの部分が、キリスト教徒や仏教徒によって担われたのは偶然ではない。

普遍化した宗教に限らないが、宗教の意義として高く評価したいのは、その超国家的性格である。現世の世俗的権力とその政策よりも、神と教義を重視する宗教者は、しばしば時の権力と対立することになる。特に日本は、明治維新によって一定の近代化を遂げた後も、天皇制の絶対化のために国家が特定の宗教（国家神道）と結びついたため、他の宗教団体は、国体に沿わない存在として弾圧の対象になり易かった。

すでに明治期において、天皇の訓示である「教育勅語」への拝礼を拒み、第一高等学校を追われた無教会主義者・内村鑑三の事件は良く知られているが、昭和初期以降、日本の軍国主義化・全体主義化とともに、宗教への弾圧も強化されることになる。教団の建物まで破壊された大本教はそのよい例であり、また教団とは言えないが、戦前の創価（教育）学会も同じであろう。初代会長の牧口常三郎は治安維持法で捕らえられ、獄死している。

もちろん歴史的に見れば、教会が権力機関化し民衆に税を課すなど、抑圧的な機能を担ってきたという事実は否定できない。また有力な教団が国の圧力があったとはいえ、宗教の区別を問わず、戦争に協力したことも事実である。その点では、組織としての教団のあり方は、宗教的教義とは別に評価される必要がある。

しかし、政教分離が一般化した近代以降においては、むしろ宗教が孤立した個人の支えとなり、人々の絆の回復に貢献してきた側面を評価すべきであろう。前節で様々な市民社会組織による、人間の共同性回復のための活動に触れたが、宗教団体はそのような活動の大きな柱となる可能性を有している。特に現代は貧困や病気だけでなく、うつ病による自殺や引きこもりに代表されるように、心の病が広がる特徴がある。この種の問題は、社会科学的認識に偏りがちな社会主義が苦手とする分野であるが、心の問題を専門とする宗教にとっては、その役割を果たすことのできる分野であろう。

さらに平和運動や貧困問題などの解決に向けた宗教団体の取り組みは、社会主義の精神や諸活動と共振するものである。それだけではない。宗教にはトマス・ミュンツァーによって指導されたドイツ農民戦争（一六世紀）や、日本の戦国時代における一向一揆に見られるように、民衆の意向を代弁し、時の権力と闘う指導的役割を演じた歴史もある。この点でも権力と闘う社会主義との共通性を示している。

おわりに

本稿では、友愛社会主義の理論的根拠とその可能性について論じた。本稿の中心的論点は、友愛社会主義と従来の社会主義、特にマルクス理論に基づいた社会主義との違い、また友愛社会主義の前提となる「人間―人間」関係の重要性とその根拠、また友愛社会主義の活動舞台が市民社会にあること、そこにおける規範意識に基づく公共的合意の形成が重要であることなどである。さらにその点との関わりで、近代個人主義やそれを前提とした自由主義的民主主義体制や、議会制民主主義の矛盾についても批判的に論じた。

しかしさらに追究すべき課題が、少なからず残されていることも事実である。例えば、市民社会とその活動を重視すべきであるとしても、それでは国家の役割をどこに求めるべきか。また具体的な課題として、経済成長と環境政策との関係、企業活動の評価、再分配政策のあり方など検討すべき課題は多い。

さらに友愛社会主義にとって、本質的な課題が残されている。それは公共的議論や民主主義の回復の重要性を強調したが、その範囲と参加資格はどこまでであるのか、という点である。現状では言うまでもなく、それは国家であり、国民である。貧困や格差、また社会的分裂、またそれを克服する友愛や連帯についても、それは国民的レベルの話であり、世界的貧困や格差、分裂については問題とはしなかった。

本稿におけるわたしの議論を含め、社会主義が国民的社会主義にとどまっているのが現状である。社会主義的立場から国際的問題を論じることは、簡単なことではない。しかし国際的視野を欠いた議論は、ナショナリズムに足元をすくわれることになるであろう。社会主義が市民社会を基盤とする、普遍的概念であることを忘れてはならない。友愛の対象は同国民だけではなく、人類全体でなければならないのである。このように見ると、友愛社会主義がその可能性と同時に、大きくまた重い課題を抱えていることが分かる。

親鸞を通して分かること

村岡　到

はじめに

前稿「戦前における宗教者の闘い」のむすびで「浄土真宗の宗祖・親鸞の書物ではなく生き方」に学ばなくてはならないと書いた（本書六〇頁）。振り返ると、二〇〇五年に「宗教と社会主義――ロシア革命での経験」(1)を書いた時に、私は宗教の重要さについて初めて気づいたが、主要課題として探究したことはなかった。そこに目を向ける前に為すべき課題が沢山あったからである。今年五月に編集・刊行した『歴史の教訓と社会主義』はこの数年間の努力の一つの到達点であるが、そこに収録した論文「社会主義像の刷新」の後半で「宗教と社会主義」について本格的に学ぶ必要性をさらに痛感したと記した(2)。

実ははるかに以前、一九八〇年に、私は「革命の土着性と国際主義」(3)という問題意識を示したことがあった。この年に、山田太一が脚本した「獅子の時代」――明治維新期の民衆の闘いも描かれた――がＮＨＫ大河ドラマで放映されたことにも影響を受け、「土着性」に注意を喚起されたからである。この時期には私は第四インターという新左翼党派に所属していたのだが、この党派は「世界革命」や「国際主義」を売り物にしていたので、その行き過ぎた強調への注意の意味が込められていた。

しかし、以後三二年間、私はとくに〈土着性〉に焦点を当てて勉強したことはなかった。「土着＝宗教」ではないし、日本の文化が親鸞ひとりに収斂・昇華されているはずはないが、親鸞を学ぶことは、この果たせなかった課題の一端を埋めることになるだろう。

1　親鸞から学ぶもの

周知のように親鸞は、平安時代の末期一一七三年に京都で中級貴族の子として生まれ、九歳のときに天台宗・比叡山に登り慈円の弟子となり、次いで法然（一一三三年〜一二一二年）に学び、一二〇七年から越後に五年間流刑――流罪とは米と塩を一年間は与えられるが二年目からは自活する――となり、二〇年ほどを東国（関東地方）で過ごし、晩年は京都に戻り鎌倉時代の一二六二年に九〇歳で没した。歴史家の家永三郎が「およそ歴史上親鸞くらい有名であって、そして親鸞くらい伝記の明らかでない人物はなかろう」[4]と書いているくらいだから、親鸞がどういう人物かについては諸説が唱えられている。親鸞は「生前はほとんど無名の人であった」[5]。

あらかじめ断っておくが、親鸞を学ぶことになったとはいえ、私は「仏教社会主義」を唱えようというわけではさらさらない。すでに七〇年も前に、服部之総は、自分の研究は親鸞のなかに「『仏教社会主義』の日本的萌芽が秘められていたなどという絵空事に扉をひらくものではない」（Ａ一五一頁）と注意していた。左翼のなかで親鸞を取りあげたり研究する例はほとんどないが、禅宗の家に生まれた、明治時代のキリスト教社会主義の先駆者木下尚江は、法然の七〇〇回忌に当る一九一一年（前年に大逆事件が起きた）に『法然と親鸞』を著わし、戦後には四八年に服部が『親鸞ノート』を発表し、五六年には日本共産党員の林田茂雄が『親鸞をけがす歎異抄』を刊行し、六一年に森龍吉が『親鸞その思想史』を刊行した。本稿でも服部と森からは多くを学ぶことになる。

Ａ　親鸞の教え

親鸞が教えを受けたのは法然である。法然は比叡山の高僧であったが、野に下り、「専修念仏」――ただ阿弥陀仏を信じて念ずることによって浄土に救われる――を唱えた。浄土宗と言われている。「専修念仏」は、当時は「亡国の声」（森Ｂ一三九頁、二〇六頁）とされ、その危険性ゆえに既存の宗門と朝廷からにらまれ、「念仏禁止令」が度たび発令され、浄土宗は解散させられ、法然と親鸞らは流刑された。親鸞の教えは死後に拡がり、浄土真宗――一向宗とも言われている――の開祖とされることになった。服部之総によれば、「親鸞の流儀が含まれる広義の浄土宗は、親鸞の時代とひとしく蓮如の時代でも、日本を構成する諸階級と諸層の最上から最下にいたるあらゆる場所で、支配的な流行をみていた」（Ｂ七七頁）。浄土真宗は現在も日本最大の教団である（一〇〇〇万信徒と公称)。

　はじめに確認しておきたいが、親鸞は今でもきわめて多くの人によってその教えが読まれ拡がっている。一九五〇年前後には、国民的作家吉川英治の『親鸞』(一九四八年)がベストセラーになり、それを原作にして一九六〇年には中村錦之助主役の映画「親鸞」も多くの観衆を集めた。今では作家五木寛之の『親鸞』や『親鸞　激動篇』がベストセラーに数え上げられている(小説なのでフィクションも混じるが、一読を薦める)。親鸞の主著とされている『歎異抄』(弟子の唯円が親鸞没後に編集)は数多くの解説書が刊行されている。マルクスの『共産党宣言』とどちらが発行部数が多いか比較した資料はないようだが、『歎異抄』がはるかに多いのではないだろうか(今では、大きな本屋に行くと、日本の宗教のコーナーは、社会主義やマルクスの書架の二〇倍以上も拡がっている)。

　八〇〇年前の親鸞がなぜこれほどまでに人気があるのだろうか。こう問えば、釈尊やキリストはもっと凄いということになるが、この問いの意味が消失するわけではない。何か深い〈真理〉が宿っていなければ、時代をはるかに超えて多くの人びとが関心や共鳴を憶えるはずはない。

　親鸞の教えとは何か。「親鸞については『汗牛充棟』という忘れかけていた古い言葉が、そのままあてはまるほどかかれたものが多い」と、森龍吉が『親鸞　その思想史』の「あとがき」(二四五頁)を書き始めている。にわか勉強の私はそのごくごく一部を通読することしかできない。

　親鸞の教えは、何よりも〈異端〉であった。何に対する異端なのか。この点は、森が鋭く明らかにしている。森は、浄土真宗の門徒の家に生まれた。服部の一五歳下で交友関係もあった。

一九六一年に『親鸞その思想史』を著わした。森は、「はじめに」を、「彼〔親鸞〕の思想は、日本人が経験し、創造したところのもっとも革命的な意義をもつ思想だった」（一六頁）と結んでいる。何が革命的だったのか。「親鸞は、アニミズムやシャマニズムのような日本古来の呪術的な考え方を否定したのである」（一九頁）。例えば、祖先への尊崇や供養を不要だと説いた（『歎異抄』第五条）。森による、日本思想史のなかに親鸞を位置づけて把握する視点と研究からは深く学ばなくてはならないが、今はその余裕はなく、この異端性のゆえに宗門からも朝廷からも「亡国の声」として迫害されたことだけを確認しておきたい。求道者・親鸞は「非僧非俗」――「不僧不俗」を言い換えた（森B一一三頁）――と自称し、よく知られているように妻帯していた。今ではどの宗派の僧も妻帯しているが、森によれば「一宗の開祖と仰がれた人物のなかで、……公然と妻帯したのは親鸞だけである」（B八四頁）。それだけで「異端」視されるに十分である。法然は、妻帯を許容したが、自身はそうしなかった。

また、誰もが指摘しているように、親鸞は自分の徒党を作ろうとはしなかった。『歎異抄』第六条には「親鸞は弟子一人ももたずさふらふ」と書かれている。森は、「親鸞には一宗を立教開宗する意志は生涯を通じて一度もなかった」（A一四頁）と明らかにしている。木下尚江は、「法然が寺を建てるなと遺言し、親鸞が我が屍体を川に捨てよと言い残した」（三六四頁）ことを重く取りあげた。人びとが法然の墳墓を建て、「我が師を化石の偶像と辱めて仕舞った。是を見て悲嘆の胸を痛めた」親鸞だから、こう言い残したのだ、と木下は推測した。

また、親鸞は実に発想が自由で、漢文の特徴を活かしてまったく新しい訓読を示したり、創語をなしている。

何を主要に説いたのかについては、浄土真宗高田派の住職でもある北島義信が適切に解説している。北島によれば、「親鸞の思想の特徴」は次の三点である。

「その第一点は、『現生正定聚《しょうじょうじゅ》』論である。これは、他力の信心を得た者は現世において『往生』を得るという思想である」（B二三六頁）。「第二点は、政治権力（現世権力）の相対化の視点である」（B二三七頁）。「第三点は、平等主義である」（同）。

第一点の「現生正定聚」論とは、法然が「専修念仏」を説くまでは、浄土は現世にではなく、死後の世界であり、死んだ後に辿りつけるものと想念されていたのとまったく逆に、この現世において救われるという点で、決定的な転換を意味している。ただし「他力」とは何かはきわめて難解である。五木には『他力』とタイトルされた著作がある。

第二点については、よく引用される『教行信証』の「化身土文類」のなかの「出家の法は、国王に向かいて礼拝せず……」を引いているが、この点については後述する。

私は、なかでも第三点の〈平等〉こそが核心をなしていると考える。五木をはじめ多くの人がそこに焦点を当てている。私は、一〇年前に「平等こそ社会主義正義論の核心」を発表して〈平等〉の核心的重要性を明らかにした。そこでは梅原猛などに学んでごく簡単に仏教において平等が重視されていることに言及したが、親鸞の名をあげることさえできなかった（一一六頁）。

親鸞が〈平等〉をきわめて強く説いたことは、『歎異抄』の第一条にくっきりと示されている。そこには「弥陀の本願には、老少善悪のひとをえらばれず、ただ信心を要とすとしるべし」と説かれている。ここには「平等」の文字はないが、梅原の『歎異抄』では〈現代語訳〉でこの部分は「阿弥陀さまの衆生救済の願いはすべて平等であり」（一七頁）となっている。森は、加藤周一を引きながら「親鸞は日本思想史に、未曾有の徹底した超越思想の平等観を樹立し」（B二〇八頁）たと高く評価している。

五木も「平等」に強く焦点を当てている。『蓮如』では、「親鸞の同朋主義、仏の前にはすべて人間はみな平等である、という思想は、それらの人びと（当時としては偏見の目で見られていた底辺の人びと）にとって闇を照らす光明のように魅力的に感じられたにちがいありません」（九一頁）と明らかにしている（九四頁、一二七頁、一四六頁、一五八頁も参照）。

印象ふかい例を一つだけあげておこう。法然は、流刑中の土佐で遊女が自分も浄土にいけるのかと問うたとき、「できることならそういう生活はやめたほうがよい、……やめることができないのなら、そのままの生活をつづけながら念仏を唱えなさい、（そうすれば）必ずあなたは救われるでしょう」（一一二頁）と諭した。この「感動的なエピソード」を記した五木が明らかにしているように、当時は女性は誰でも汚れたものとして蔑まれていたのである。その常識のなかで、法然の答えはまさに異端の言説であった。「法然が世間から危険視され、当時の権力から流罪に処せられた理由の一端」（同）もそこにあった。仏の前では平等であることが、かくもくっきりと貫かれていたのである。

だが、ここで注意すべきことがある。なぜ、法然は「売春禁止」と主張しなかったのか、「やめることができないのなら」では生ぬるいという反発が起きるかも知れないからである。そういう反発は見当違いである。当時は、「売春反対闘争に立ち上がれ」と檄を放つ条件は成熟していなかった。そういう条件が無い状況のなかにこの遊女も法然も生きている。森が明確にしているように、「親鸞の獲得した宗教的救済が、底辺の民衆の現実的解放を意味するものでないことはいうまでもなかろう」が、「『窮通の歓喜』をよびおこす精神的解放」（B一三九頁）につながったことは確実である。やがて、人類はこの区別を超克する道を歩むが、今はまだ「現実的解放」と「精神的解放」の区別が重い意味を持っていたのである（六〇〇年後にドイツで、マルクスは「ユダヤ人問題によせて」で宗教からの「政治的解放」と「人間的解放」[6]の違いを問題とした）。

もともと「仏の前では平等である」という教えは、二五〇〇年前に遠くインドで釈尊が説いた。カースト制が厳しいインドではほとんど受容されなかったが、この教えは、ヨーロッパでの「法の前での平等」とも通底する、人類普遍のロゴスと言うべきである。多くの親鸞本のなかで「法の前での平等」についての言及が欠落しているのは大きな問題である。学問の蛸壺化の弊害である。

親鸞と言えば、条件反射的に「悪人正機」説が想起される習わしになっているので、少し触れておこう。普通の人は、悪人が救われるのなら、まして善人は救われると考えがちであるが、親鸞はまったく逆に「善人なをもて往生をとぐ、いはんや悪人をや」と主張した。『歎異抄』第三条である。人間は誰もが生まれながらにして「悪人」なのだという悟りに踏まえた、この見事な逆説は、多くの人によってそこに親鸞の真髄があると説明されている。だが、五木は「親鸞の悪人正機の思想には、人の意表をつく詩的なひらめきがあります」（Ａ一五〇頁）と評したうえで、つづけて、多くの人が「さまざまな解説をしていますが、本当になるほど！と膝を叩いて納得できたことが私にはありません」と書いている。

服部は、「親鸞が強調し、本願寺が後代まで教義の特色とする凡夫往生と悪人正機の思想的出発点」として、法然の「主著『選択本願念仏集』のなか〔の〕阿陀本願の救済対象を論じ」（Ａ四四頁）た文章を引いている。

「悪人正機」説については、山折哲雄が『教行信証』と『歎異抄』との相違点を指摘している。山折は、『教行信証』の核心を「父殺しが救われるためには、『善知識』と『懺悔』の二条件が決定的に重要である」（一五一頁）という自覚に探り当て、そこが「親鸞における『悪人正機』の核心である」（一五二頁）と評価する。「善知識」とは善なる教師・指導者の意味である。この認識に立つと、『教行信証』と『歎異抄』では「悪人正機」説に「根本的な認識において乖離」があると気づくことになる。『歎異抄』では、前記の二条件が欠落しているからである。この指摘は鋭く正しい解釈だと言える。

親鸞にとっては、阿弥陀仏を信じて念仏することこそがもっとも重要で大切なことなのであり、そのことを抜きにして悪人が救われると考えることはできない。親鸞の周辺からも「悪人こそが救われるのなら、悪行を重ねたほうがよい」という主張――「造悪無碍《げ》」（いくら悪行を重ねても往生の妨げにはならない）――が広く生じたが、誤解と断じるほかない。どんな悪行を重ねた人でも浄土に行きたいと念じるなら救われるというのが本意ではないだろうか。そして本来、人間はそう願うものであり、その願いは阿弥陀仏から与えられるものと理解することを〈他力〉と考えたのではないであろうか。その場合、善人よりも悪人のほうを阿弥陀仏は救うのだと、親鸞は説いた。

梅原が『歎異抄（全訳注）』で強調する、親鸞の「逆説」「パラドックス」（二六〇頁など）にはまり込むよりも、山折が指摘する『教行信証』の「二条件」のほうを重視したほうがよいと、私は考える。なお、森は、「階級的な対立と相克のなかで、生きること、喪失させられた人間性を回復しようとする努力、それらはひとしく『悪』とよばれている」と考えれば、「じつはパラドックスではない」（B一九五頁）と解釈しているが、少し読み込みすぎではないだろうか。親鸞の教えは平等への希求を基礎づけたに違いないが、親鸞は「階級的な対立」を明確に意識したわけではなく、「支配への抵抗」を説いてはいない。土一揆や一向一揆が激しく展開されるには二〇〇年の歳月を経なくてはならなかった。

なお別の論点――異端排除について――についてではあるが、山折は「唯円は『歎異抄』という作品において、もしかすると師・親鸞の信心のあり方を裏切っているかもしれないのである」（九二頁）とまで書いている。山折は、異説を厳しく批判・排除する唯円とは対照的に、親鸞の場合には自説への異論についても「面々の御はからひなり」（『歎異抄』第二条）つまり、各自が信じる道を歩めと教えている、という点にこそ光を当てている。この点は、私自身が一九七〇年代初めに新左翼の内ゲバを体験した――片足を骨折した程度であるが――ので身にしみて感じるところがある。親鸞の態度を幾分なりとも理解していれば、悲惨な内ゲバにブレーキをかけることができたであろう。

その意味でもこれも大切な論点であるが、他方で誰もが触れているように、親鸞は晩年に息子の善鸞を義絶している（後述）。山折はこのことについては、たった一言「ついに親鸞は実子の善鸞を義絶する」（八六頁）と書いているだけで、その意味に論及しないのはバランスを欠いている。

親鸞の教えとしては、他にも「信」「還相廻向」「自然法爾《に》」がよく問題にされている。五木は先日の講演会[7]でも「信じる」ことがいかにして可能なのかを〈希望〉と重ねながら強調していた。どれも深い理解を必要とするのであろうが、親鸞をかじったばかりの私には触れることもできない。

次項に移る前に、蓮如についても触れておこう。本願寺教団を組織した覚如（親鸞の孫）とともに蓮如の活動がなければ、親鸞が後年、これほどまでに有名になることはなかったからである。蓮如は、室町時代の一四一五年に京都で浄土真宗本願寺の第七代法主《ほっす》の長男として生まれた。母は賤しい身分の女性で、蓮如が少年時代に離別した。名著『蓮如』で五木寛之が説明しているように、「真宗王国」と言われる北陸地方は別として世間でそれほど知られてはいない。蓮如は、親鸞の二五〇年後に親鸞の教えを広く民衆に伝えた。四三歳の時に本願寺の第八代法主になり、本願寺「中興の祖」と言われている。なお、蓮如は四人の妻妾に二七人の子どもを産ませている。「本願寺の記録は四人の母を生涯がダブらぬように配置している」（A一七九頁）が、それは「医学的にも統計学にも考えられない」と服部之総は指摘している。最後の子どもは死没の前年八四歳というから驚きである。

B　親鸞の生活と親鸞が対面した人びと

親鸞の教えの内実がどのようなものであったのかを明らかにすることも重要だが、もう一つ絶対に忘れてはならないことがある。その親鸞がどういう生活を送り、どういう環境のなかでそれらの教えを体得し説いたのかについてしっかりと認識しなくてはいけない。もし物理や数学の難問の解答であれば、解答者の素性や生活環境を探ることにさしたる意味があるとは誰も考えない。だが、親鸞の教えは、人間が生きることの意味を探る難問への解答であるがゆえに、どういう生き様の人間が、どういう環境のなかで発した言葉なのかが、不可欠の要点となる。この違いは、抽象的には宗教と自然科学との相違でもある。自然科学者の伝記本も少なくないが、自然科学上の真理との関係で論述されることはない。

とはいえ、写真すらなくパソコンに記録が残っているわけではない時代のことゆえに、文献の時代考証すら難儀であり、克明に再現することはできないが、大ざっぱに言えば、時の権力による弾圧と迫害、何度かの妻との生活とその困窮、に抗して「非僧非俗」を貫いたこと、流罪の地で粗食に耐え、額に汗して農作業に精をだす日々を重ねてもいたことを忘れてはいけない。親鸞は底辺の民衆の一人でもあった。言うまでもなく、底辺の民衆の生活は貧困と一体化している。親鸞もまた托鉢で糧を得て生を保ち、寺の一つももっていなかった。晩年には何の財産もなく、自分の娘を奉公に身売りするほどであった（身売りしたのが、娘か自分の下人かで論争がある）。蓮如については、五木が「家族がひとり分の汁を水で割って三人ですする」（A三一頁）極貧の生活や「冬の夜に赤ん坊のおむつを冷たい水で洗濯」（A三九頁）する姿を想い描いている。ついでながら、蓮如は法主になった後も、「平座に向かい合っての話し合い、門徒と同じものを食い、……衣も黒衣さえ禁じて、普段着のねずみ色とし、後代本願寺法主のきらびやかな『緋の衣』などは思いもかけぬほど庶民的であった」（森A八九頁）。

森龍吉は、親鸞の肖像を「私には彼〔親鸞〕が肥桶をかついだような顔つきにみえる」と書いた松野純孝を引き、「服部之総はそのまえに、その容貌と手は農民のものだと見抜いていた」（B一二六頁）と書いている。森は「だが、戦前にだれもそうは言わなかった。見ればわかるはずなのに」と言葉をつづけている。この点を見過ごして、あるいは留意することなく「還相廻向」などという難解な教義に悩み「最後の親鸞」がよいなどと詮索しても大した意味はない。

私事を書くことを許してもらうと、私の遠い記憶には、九世紀初めに「蝦夷征伐」に向かった坂上田村麻呂が持参していた千手観音から付けられたという、新潟県の寒村千手村の借家に疎開して父母兄姉家族一〇人で住んでいた一九五〇年代初めのころ、碁盤とか掛け軸が売られて持ち去られる寂しい風景が焼き付いている。一〇年後に高校を卒業して、一九六三年に上京した直後は三帖一間のアパートで生活した。〈原点〉というほど大げさなことではないが、この機会に記しておきたい。

さらにもう一つ留意すべきことがある。この親鸞の教えは誰に向けられていたのか、である。すでに触れているが、改めて取りあげよう。親鸞の教えは、どういう状況のなかで誰に向かって説かれたのであろうか。この点をはっきりさせることも極めて重要である。

当時の京都は、平安時代の末期で公家による支配体制が崩れ、武士による支配体制が台頭し始め、源平の争乱が続き、一一八六年に鎌倉幕府が開かれた。さらに飢饉に度重ねて襲われ多くの人命が奪われた。森は、僧侶であった鴨長明の『方丈記』（法然や親鸞が流刑に処せられた五年後に刊行）を引いて、餓死者が「四万二三〇〇余り」（B四九頁）となったと書いている。当時の京都の人口がどのくらいかは分からないが、まさに死屍累々である。森は、「当時の人口（千数百万ぐらいか）」（B一四五頁）と推定している。南北朝を経て室町時代となり、土一揆や一向一揆が続発し、一四六七年には応仁の乱が起きる。この蓮如の時代には「寛正の大飢饉で八万人以上の餓死者を出したと言われています」（五木B二三一頁）。「蓮如が生きた一五世紀という時代は、戦乱、飢餓、暴動、疫病などが頻発し、底なし沼のような無常観が人々の心にうごめいている時代でした」（同二四六頁）。

犬が人間の死体に食らいつき、腐臭が街を覆っていた。まさに絶望しかない状況であった。誰もが地獄を差し迫った観念として感得していた。そういう絶望しかないような状況のなかで、法然や親鸞は仏教の教えを説いていた。二一世紀の現在では「地獄」と聞いてもほとんど実感はない。私は「ウソをつくと地獄の閻魔さまに舌を抜かれる」と教えられたことはあるが、自分の娘にそういう説教をしたことはない。テレビも映画さえもない時代に人びとはお寺で恐ろしい地獄の絵を見せられて、喜捨したり善行を積まなければ浄土には救われないと、僧侶の説法を聞かされたのである。

貧しいだけではない。識字率がどの程度が調べる術もないが、森が明らかにしているように、親鸞に耳を傾けたのは「よしあしの文字もしらぬひと」びとだったのであり、「最底辺の民衆」は「概念にとらわれるほどの教養ももちあわさぬ、ただ生活の実感のなかで真実を発見するよりほか」（B一三五頁）ない存在であった。だから、当時の農民は「一揆するすべを知っていない。逃亡するのがせいぜいの反抗であった」（B一一六頁）。彼らは「およそこの地上において永遠に解放される条件とその見透しをもちえなかった」（服部A三七頁）のである。それから二五〇年、「蓮如の時代にいたれば、現実の武器をとって決起」（服部A一一七頁）することになるが、当時はまだそこまで歴史は発達していない。この救いのない人びととは社会階層から見れば、農民と女性である。そのことについては、服部が強調している。農民といっても自分でわずかな自分の土地を耕すものと、牛馬にも等しいそれ以下の階層（下人など）も存在していた。

この救いのない人びとにとって、法然や親鸞の教えは〈救い〉となった。北島が対比して明らかにしているように、ただ嘆くだけの長明とは違って、法然と親鸞は救いの道を提示した。前記の北島による「第一点」の通りである。

この時代状況の深刻さ、べつに言えば今日との相違については、服部が鋭く明らかにしている。服部は『親鸞ノート』で「画時代的な距離」（四七頁）と指摘している。この「画時代的な距離」が何を意味するかについては、第3節で明らかになる。

こうして親鸞の教えは最底辺の民衆を救う一条の光となったが、雑誌もテレビもない時代だから、その教えが届く範囲は初めは親鸞が托鉢し説教する行動半径に限られていたであろう。やがて弟子が増え、人づてに教えは拡がってゆく。この伝播の手段として大きな役割を果たしたのが、浄土真宗の教団であり、その寺である。最大の寺が言うまでもなく京都の本願寺である。本願寺は一二七二年に建立され、本願寺教団を大きく組織したのは、親鸞の孫に当たる覚如である。そして一五世紀半ばに蓮如が一向一揆の地・北陸に親鸞の教えを拡げた。彼らの積極的な布教活動がなければ、無名だった親鸞の教えがこれほど広範に日本に拡がることはなかった。その意味で、覚如や蓮如などの努力は高く評価されなくてはならない。本願寺が日本史で果たした大きな役割については、森が『本願寺』で詳細に明らかにしている。

だが、裏のない表はありえない。「三日月が美しいのは、欠けた部分に支えられているからである」――この言葉は画家の岡本太郎がどこかに書いていた。寒夜に空を仰いでふと思い出すことがある。哲学が好みだという人にはこんな言葉もある。「抽象が威力あるものとなるのは、それが捨てられた大事なものの重さに支えられたときである」(三四七頁)――これは私が敬愛する梅本克己である。この視点から見ると、「真俗二諦」論を検討することが必要となる。節を改めよう。

2 「真俗二諦」論の罪功

「真俗二諦」論とは何か。「諦観《てい》」は普通には諦めと理解されているが、「たいかん」と読むと、『広辞苑』には「明らかに真理を観察すること」と説明してある。五木寛之は「諦める、というのは、……言葉の本来の意味、『明らかに究める』、勇気を持って現実を直視する、ということでしょう」（B九一頁）と書いている。北島義信は「真俗二諦論は、精神的・宗教的世界と社会的政治的世界の分割を行い、前者に関する認識を真諦と呼び、後者に関する認識を俗諦と呼ぶ」（B八九頁）と説明している。分かりやすく言えば、この世は真実の世界と俗世間とに二分されていて、異なる原則が貫かれているという考え方である。真実の宗教の世界と、俗悪にまみれた政治の世界とを黒白に二分すると考える。そう考えると、仏の前での平等と天皇を頂点にいただく政治の秩序とが両立してもよいことになる。時の政治的権威・権力との共存が可能となる。時代ははるかに現在に近づくが、この考え方を採用することによって、浄土真宗教団は、明治維新になると「教団の体制を明治政府の体制に吻《ふん》合させ、皇室との通婚をはかって伝統の貴族化を再成する」（森A一七頁）。そして、天皇制に基づく日本帝国主義の戦争に全面的に協力することとなった。この戦争協力の根本に据えられたのが、「真俗二諦」論である。したがって、深刻な総括が求められることになる。

この問題は、服部之総が敗戦直後に鋭く明らかにしていた。森龍吉が評しているように、服部は「宗門に生まれたもののみが味わう、代々の悩みと苦しみという歴史的な重量感を体験のなかに受け止め」（B二三八頁）、「『俗流化された真俗二諦の諦観の座』に安住することを許せなかった」（同）。服部は、仏の前での平等を強調し、政治的権威に随順することを拒否する親鸞が「真俗二諦」論を説くはずがないと明らかにする。「真俗二諦」論を親鸞の教えだとする者が典拠とする親鸞の『御消息集』に書いてある一句について、通説を超える理解を示す。

問題の一句は「念仏まふさん人々は、……朝家の御ため、国民のために、念仏をまふしあはせたまひさふらはば、めでたふさふらふべし」というもので、現在の日常語ではない。森によれば「この一節は、親鸞の護国思想をしめす唯一のあかしとして、ことに戦前の軍国主義ファシズムのたけりくるうなかで、本願寺や教団の人びとによって強調された箇所であった」(B二〇五頁)。すぐにつづけて森は明らかにする。

「この点を戦後、もっともきびしく突いたのは、服部之総の『親鸞ノート』におさめられた「いわゆる護国思想について」(一九四八年)の論文だった」。この論文について、森は、「親鸞を日本思想史のうえに位置づけてみる、最初の科学的な本格的試み」(B二四〇頁)と高く評した。

服部は、この論文で友人でもあった哲学者の三木清を取りあげ、先の通常の解釈を踏襲していた三木を批判した。服部はこの一句を「内容的には反語である」(A三九頁)として三木らの伝統的解釈を退ける。そして、『御消息集』のこの文章は「普通に解釈されているがごとき『王法為本』の思想を表明したものではなく、実に〔正反対の〕『信心為本』の思想を吐露せるものであった」と結論する。したがって、さらに通説として説かれている「浄土真宗の教義は、親鸞を祖述しているけれども親鸞を歪曲していると思われる」(A四〇頁)と論断する。

「王法為本」などと言われても何のことかすぐには理解できないが、「王法」とは今の言葉では「政治」を意味する。「為本」とは基本を為すと理解すればよい。森は次のように説明している。「王法為本」とは、「真宗の信仰と思想は、国家性を基礎としているという考えで、蓮如いらい、本願寺教団の根本思想となった」。逆に「信心為本」とは「真宗の信仰と思想は、個人の『信心』を唯一の基礎とする考え」（B二〇五頁）である。

この点で、前に触れたわが子善鸞の義絶が深く関連することになる。経過を説明する余裕はないが、親鸞が京都に戻ったあと、東国に派遣された善鸞は、逸脱した振る舞いを犯すようになり、義絶された。森によれば、善鸞は「在地支配者と結託して……民衆を惑わせ」、「在地支配者の庇護を強縁として民衆に臨んでいる姿は、父の親鸞が生涯をかけて否定しとおした呪術と権力の道へ傾いて、正信の徒の弾圧を助けていた」（B一五八頁）。かくて、親鸞は善鸞を義絶した。その真意は、服部によれば「信心為本」を貫くための決断だった。服部は、論文「いわゆる護国思想について」を「王法為本」という「背理への進行と闘うためにかれ〔親鸞〕は、わが子善鸞をあえて勘当したのであり、善鸞勘当をクライマックスとする宗教的真理――信心為本――のためのたたかい」（A一五二頁）と確認して、結んでいる。親鸞最晩年のこの決断と貫徹に触れずして、親鸞を語ることは許されない。先に、山折が善鸞の義絶についてわずかに一言だけしか触れないことに注意を喚起しておいたが、すでにその真意を理解することは容易いだろう。場違いながら、私は善鸞の義絶に接して、高校生のころに観た、ウィリアム・ワイラー監督の西部劇「大いなる西部」（一九五八年）を想起した。決闘にさいして卑怯な振る舞いを犯す息子を父親が射殺する場面に感動して涙したことをはっきりと記憶している。親子の情よりも正義を貫くことのほうがはるかに大切なのである。

服部は、この「『王法為本』を祖師〔親鸞〕に押しつけたのは覚如であり蓮如であって、親鸞の教義にはない。王法為本はかえって比叡山のまたは南都の旧教団の合言葉であり、よってもって寺領荘園制の地上的な基礎が護持されたのである。親鸞は寺をも寺領をも否定した」（A六五頁）と明らかにした。さらに「親鸞を歪曲して著しい点は、親鸞における徹底せる神祇《じんぎ》不拝の思想を、覚如が本地垂迹説を採用しつつ妥協的に緩和した点にある」（A四一頁）とえぐりだした。「祇」とは地の神のことで、「神祇不拝」とは天地の神を拝まないの意味である。本地垂迹説とは神道と仏教を両立させるために、奈良時代から始まっていた神仏習合を合理化した理論である。

さらに、戦時中には浄土真宗教団は、覚如が書いた『聖人親鸞伝絵』を説く際に、「主上臣下。法ニ背キ義ニ違シ。忿ヲ成シ怨ヲ結フ」以下の一句を「読むことを禁止」していた、と服部が「愚やきわまる」と鋭く糾弾していた。(8) この一句は『教行信証』の「後序」で親鸞が自分たちへの弾圧について書いた文章を覚如が転載した部分で、「主上」とは天皇のことで、天皇も臣下も法に背き、道理に反して怒りと恨みをもって、自分たちを冤罪に処したのだという主張である。つまり極度の「不敬」を意味するから、隠蔽したのである。

北島は、もう一つ、「親鸞が『真俗二諦』論を退け」る論拠を上げている。すでに引用した『教行信証』の一句――「国王に向かひて礼拝せず」（A九四頁）――である。

この節の本筋とはズレるが、この一句のすぐ後には「父母に向かひて礼拝せず」とあり、こっちは、『歎異抄』第五条にある「親鸞は、父母の孝養のためとて、一返にても念仏まうしたることいまださふらはず」と合致する。ところが、『歎異抄』には「国王に向かひて礼拝せず」は第五条だけでなく、どこにも記載されていない。前節で、山折が、『教行信証』と『歎異抄』との相違を問題にしていると紹介したが、この違いのほうが大きな意味を持つ、と私は考える。

もう一つ。前記のようにはっきりと服部説を踏襲している森が、自身が編集した『親鸞はいかに生きたか』（一九七〇年）という座談集のなかで、この問題について、「真俗二諦」の四文字もなく、服部の名前すら上げずに、両論ありで済ませている（千葉乗隆）のは残念である。また、他の論点では多く発言している梅原猛はこの点についてはまったく発言していない（C三一六頁〜三二三頁）。この論点については、この七人の座談（司会は森）は、現実と遊離したおしゃべりに堕している。

論述を戻そう。

先駆的には服部が、最近では北島が明らかにしているように、「真俗二諦」論は明らかに、親鸞の教えに背馳する重大な誤りであった。親鸞の教えに惹かれ共鳴する人は、決してこの負の側面、裏面を忘れてはならない。梅本克己が注意しているように、「否定面の理解をともなわぬ肯定は弱い」(9)からである。

さらに大きな問題が提起されていると考えられる。

服部は前記の引用にすぐに続けて、そこには「必然的にあるズレをもたざるをえない。教団は一つの政治であり、信仰の純一をもって割り切れないものを含むからである」（A四〇頁）と書き、北島は本節初めの引用につづけて、「この考え方の最大の問題点は、宗教を精神世界のみに限定し、社会政治の問題には宗教は批判を行わないという点である」（A八九頁）と批判する。

この二人の先達の理解には微妙なズレがある。ともに「真俗二諦」論を謬論だと批判しながらも、服部はあれだけ鋭く通説に批判を加えながら、政治と宗教には「ズレ」がある、「割り切れないものを含む」と考え、他方、北島は宗教が政治の問題にも批判を加えるべきだと主張する。服部が指摘する「ズレ」については、覚如と親鸞とを例に、梅原猛が、「純粋な信仰と、教団設立という政治的理性〔政治的打算、のほうが適切〕との根本的対立があるのではないかと思う」（A六七頁）と、『歎異抄』第一一条に関連させて書いている。「ズレ」は「根本的対立」にまで拡大されている。

政治と宗教との関係をどのように理解することが妥当・正解なのか、さらなる探究が求められている。

さらに、ここには、当初は異端として生まれた或る教えが大衆を捉え、広く大衆化するなかで、初発の異端の鋭い牙がその鋭意を和らげられ、やがて忘却・棄却される歴史の慣性・陥穽を見ることができる。もし、事がそれだけに終始したのであれば、その教えは風化し消滅するが、真理を深く宿している場合には、その変質・堕落にもかかわらず、今度はまた逆転が起きる。歴史に足跡を残すほどの教えは大抵はただ一つの教条としてではなく、いくつかの重要な柱となる教義によって構成されているから、堕落した教条に代えて別の教義が復活することが可能だからである。

事実、問題としてきた「真俗二諦」論については、遅きに失したとはいえ浄土真宗のなかから反省が起き、自己批判が公けにされた。北島が『親鸞復興』で明らかにしているように、浄土真宗本願寺派は、一九九一年二月に宗会決議を上げ、戦争加担を懺悔し「教学的にも真俗二諦論を巧みに利用することによって、浄土真宗の本質を見失わせた」（Ａ八八頁）と明らかにした。その一年前には浄土真宗大谷派が同様の懺悔を明らかにした。この経過を明らかにすることも興味ある課題であるが、ここでは指摘しかできない。

私は、「真俗二諦」論については、功罪の罪のほうが大きいと判断すべきだと考えるので、この節を「功罪」としないで、〈罪功〉と表現することにした。

こう言うと、「真俗二諦」論のどこに「功」があるのか。あるのはただ「罪」だけではないかという反論を招きそうであるが、そうではない。「真俗二諦」論を一つの有力なテコとして親鸞の教えが拡がり、親鸞の名が広く記憶に残るようになったことは大きな「功」である。さらにこの歪曲が広く流布されたがゆえに、その否定には大きな決然とした勇気を必要とすることになった。ということは、その否定を説く者の気迫は聞く人に常ならぬ印象を与えることになる。誤謬の深さゆえに、そこを突き抜ける〈異端〉実は真実の主張に迫真の重みを加える。『歎異抄』ではお布施の額の大小を問題にしてはならないと説いている（第一八条）のに、お布施の額の大小によって臨終に際して出会う仏の大きさが異なると説く、覚如いらいの浄土真宗教団の現状に対して、蓮如が「それは親鸞の教えではない」と一人決然と立上がったのもその一例である。そして、そう説いた蓮如もまた「真俗二諦」論に関しては誤っていたと、服部が明らかにした。服部の提起を森はしっかりと受け止めた。私たちもその後に続かなくてはならない。

もし覚如や蓮如が親鸞の名を捨てて、自分を新しい宗派の開祖にしたのであれば、この逆転は起きようがない。親鸞は歴史のゴミ箱の底に沈むだけである。

『広辞苑』などの通説によれば、『歎異抄』の最後に蓮如が付した一文を根拠に蓮如は『歎異抄』を「禁書にした」と理解されている。だが、五木は、同じような文言は法然の『選択本願念仏集』にも書かれていることを根拠にこの通説を否定している（D四七頁）。信心のないものにはみだりに見せてはならないという意味だと理解する五木説のほうが妥当だと考える。もし、通説に従うなら、つぎのような推測も成り立つ。

覚如や蓮如は本願寺の土蔵で『歎異抄』を読んでそこに「危険な」教義――前記の第一八条など――が書かれていることに気づき、恐らく深く感じることがあったに違いないが、他の者には読ませないように秘匿した。だが、それでも焼却処分はしなかった。いずれ世に出ることがあると想念したのかどうかは知る由もないが、彼らが親鸞の名の下に布教していたがゆえに、後世の人びとは親鸞の名を尊び、やがて『歎異抄』の存在も知ることになった。不思議ななりゆきと評する以外にないが、親鸞ならば、それこそが阿弥陀仏のはからいであり、「他力」なのだと静かに語るであろう。五木説を取ったとしても、ドラマチックの程度は減ずるが、混濁や後退を経ても真理は再現するという逆説が成り立つことに変わりはない。

ここで、『親鸞をけがす歎異抄』なる刺激的なタイトルの著作を著わした林田茂雄の見解について触れておきたい。林田は、一九五〇年代に日本共産党が非合法化された時期に機関紙「赤旗」の非合法発行に従事したこともある。森は、「『転向』を拒否したマルキスト」（森B一三四頁）と紹介している。林田は、八一年に再刊した『親鸞の思想と生涯――親鸞をけがす歎異抄』では、冒頭で「『歎異抄』こそ、親鸞の思想と信心を低俗な迷信念仏にすりかえてしまった最悪の原典なのである」（四頁）と激しく糾弾する。森は具体的内容には触れずに、「林田茂雄氏が『親鸞をけがす歎異抄』でめざとく発見している」（B一六三頁）と書いていた。だが、どういうわけか、服部之総を肯定的に参照する箇所もあるが、「真俗二諦」論にはまったく触れない。また、親鸞が農民を相手に「年貢」の不当性を説いたという自説を「正確な諸文献の内容を体系的にふまえた上での、『門弟たちとの間でかわされたであろう会話』の『再現』という形」（八〇頁）で七頁も書いているが、参照文献が一つも上げられていない。この引用の前半にはわざわざ傍点まで付けているが、実証性が欠如している。「紙数の制約による止むなき便法」（同）では済まされない。だから、「悪人正気」論についての解釈では親鸞には「直感があったらしい」とか「実質的には……」（一一〇頁）としか書けない。これでは説得性に欠けるというしかない。

柄にもなく親鸞を学ぶことになったが、その勉強を通して、人間理解に何を加えることができたのであろうか。

3　今日の問題

A　人間と歴史をどう捉えるか

閉塞感のみが深まる今日、人間をどのように理解することが求められているのであろうか。歴史をどのように理解するかとも言える。人間の営為を時間軸にそって捉えたのが歴史だからである（横軸で捉えれば社会となる）。

親鸞から学ぶことができるのは、何よりも人間は誰もが罪を背負って生きているという人生観である。『歎異抄』第一条に「罪悪深重、煩悩熾盛《ぼんなうしじやう》の衆生」とあり、第九条に「煩悩具足の凡夫」とある。五木寛之は「罪業深重《ざいごうじんじゅう》の凡夫」が「親鸞の人間観の土台です」（D二二頁）と説明している。しかも真面目に生きることをどこかで願っている。神や仏を登場させるかどうかは、私にとってはあえて言えば二次的な問題であるが、そういう定めを背負って生きているということは、人間はみな平等であるべきだということになる。人間は手をつないで協力して生きていくほかに道はないからである。そのためには、何事にせよ、共通の理解を拡げることが必要で大切である。七年前に私は『社会主義はなぜ大切か』で、聖書の「初めに言葉があった」を引きながら、「言葉を獲得することによって、人間は人間となった。言葉は理解のための手段なのである」（三八頁）と書いた。時に叫ばざるを得ない苦境に陥ることがあるにしても、なるべく分かりやすく話し書くほうがよい。だから新奇で難解な語彙や言い回しを好むことは止めるべきである。新境地を拓き啓蒙するために、親鸞が「非僧非俗」と創語したように、新しい言葉を創り出す必要に直面することもあるが、仲間内だけの符丁（ジャルゴン）は、内部を結束させる効果があるとはいえ、排他性を帯びるから好ましくない。

ところで、世の中には、「〈知識〉にとって最後の課題は、……人々を誘って蒙をひらくことではない。頂きを極め……そのまま寂かに〈非知〉に向かって着地する」ことである――とつぶやく人もいる。吉本隆明の『最後の親鸞』の初めにこう書かれている（五頁）。〈非知〉とは何のことか理解できない。親鸞の名が入っていなければ手にすることもなかったのであるが、知＝痴の遊戯と言うほかない。自分だけの小さな「世界」で自己満足する趣味を奪うこともないが、親鸞とどれほど無縁であるかは語るまでもない。

親鸞を学ぶことになり、五木寛之の文章を初めて熟読した（これまでは『戒厳令の夜』や『わが心のスペイン』を読んだだけであった）。たくさん教えられたが、そのいくつかを抜き書きだけしておきたい。五木は戦前に植民地朝鮮で学校の先生をしていた父の教えによって、ふと口をついて真宗のお経がよどみなく暗唱できるように育ち、敗戦の修羅場を異国でくぐり抜けた深い体験に踏まえて説いている。

人間の中には、本来、よりよく生きようとする志向性が逆らいがたく内在しているのだ、と考えた方がいい。そこに宗教家の存在理由があります（B二四四頁）。

地方からはるばるやってきた農民が、山科本願寺にきて巨大な屋根を見たとします。あの瓦の一枚一枚が各地の門徒たちの小さな志で出来たのだと思うとき、自分もあの瓦の一枚なのだと感じたときに、砂のごとく孤立した自分が人間としてつながりを感じ、不思議な一体感に体が熱くなったに違いありません（B二七五頁）。

『蓮如』では、「仏法国というもう一つの不可視の家の家族であると感じる瞬間の、その人間としてのつよい充実感を巨大な寺の背後に見るのです」(一七四頁)と書き、「それ〔本願寺〕をあおぎみて合掌する庶民を、皮肉な目で眺めるような知性を、私は好きではありません」(一七六頁)と諌める。

五木は、「涙がたいへん通俗的、大衆的であり、笑いというのは非常に高尚な洗練されたもの」(B一一八頁)という考え方の偏りを批判し、「戦後五〇年間、〔日本〕社会は人間の内なる情感を圧迫し続けてきたのです」(B一二一頁)と指摘する。「ひとりぼっちだという疎外感を増長させているのが、涙を切って捨てる近代主義ではないでしょうか」(B一二三頁)とも語っている。

「羽仁五郎さんのような近代主義者は、『美空ひばりは日本人の恥』と言った。中野好夫さんも『演歌というのは便所のようなものだ』と言っていた」(B一二八頁)。彼らは「日本の歌謡曲のたぐいが大嫌いだった」(A四四頁)のだという。一九六〇年代末に大学闘争が燃え広がった時代に、羽仁の主著『都市の論理』が流行ったことがあった。マルクス主義では、農村〔農業〕ではなく、都市〔工業〕が重視されていたからであろう。

音楽、広く芸術の好みは多様だから、クラッシックが好きな老人もいるし、ロックにあこがれる青年が居ても不思議ではない。私は音楽の素養はないが、五木がここで言わんとしていることは理解できる。

五木は、晩年の蓮如を堕落したと評価する傾向を念頭に、「人間の一生に完全な整合性を求めるような人間観は、大事なものを見逃すことになると思います」（A一五五頁）と注意している。この視点は、歴史をどう理解するかとも共通している。

「五十歩百歩と人は言うが、五十歩と百歩はちがう。一歩でも前進は前進なのだ」（A一六二頁）。一つだけ事例を上げれば、「変成男子《へんじょうなんし》」という今日では死語となっている言葉の理解にも通じる。この言葉は、五木が説明しているように、女性も成仏できるが、「いったん男性に変身してから救済されるという考え方です」（A一一四頁）。まことに「奇妙な理屈」であるが、五木が明らかにしているように「当時としてはきわめて新しく、かつ前衛的な女性観であったんだろうなあ、というふうに見る余裕を、私たちは持ちたいと思います」（同）。私たちは、第1節で悩む遊女に語りかける法然を知った。この視点は、「人間は疎外のもとにおいてもつねに人類としての富を展開してきた」（一三〇頁）とみる梅本克己の歴史観とも通底する。

既知の教条を突破して新説を打ち出す場合、「新しい酒は新しい革袋に」という名句で飾って強調することを好む傾向があるが、自然の摂理と社会の論理を全く同一のものと類推することは錯誤である。既存のものの破壊に重点を置くこのことわざは適切ではない。自然の摂理に逆らってはならないが、社会の営みの独自性を見失ってはいけない。社会全体の変革がテーマなのだから、〈飛躍〉だけでなく〈連続〉の面も重視しなければならない。

歴史をこのように重層的に捉えれば、当然にも「私にはどうしても一個人の力が一方的に歴史を創り出すとは思えないのです」（五木A一六七頁）。ここをしっかり理解すれば、英雄史観や謀略史観がくりかえし宣伝され浸透しているが、これらの間違いに落ち込まない歯止めになる。

こうして人間や歴史を理解するに際して、〈心の在り方〉について深く悩み静かに考えることが大切であることをさらに知ったことは、親鸞を取りあげたがゆえであり、大きな意味がある。底辺で生活する人びとの悩みや心情を深く理解し、強く結びつくために不可欠の通路だからである。だが、それだけでよいのかという懐疑も残る。これまでの論述のなかにも〈心の在り方〉のレベルや領域を超える問題が含まれていたからである。

B　宗教と政治

〈心の在り方〉を超える問題とは何か。本稿の論述から摘出してみよう。

私たちは、「真俗二諦」論を取りあげたときに、服部之総は政治と宗教には「ズレ」があると考え、北島義信は宗教が政治の問題にも批判を加えるべきだと主張していることに留意した。梅原猛は「根本的対立」とまで書いていた。

私たちは、この「ズレ」とは何かを見極める必要があるのではないか。しかも「ズレ」は歴史を積み重ねるにしたがって大きくなっている。服部は、同時に『親鸞ノート』で「画時代的な距離」（四七頁）を強調した。「画時代的な距離」については、五木寛之の文章がヒントを与えてくれる。

五木は、「蓮如が生きた一五世紀」と一九九五年に地下鉄サリン事件を起こしたオウム真理教を取りあげ、「まさに現代とぴったりと重なってくるではありませんか」（B二四七頁）と書く。確かにそういう面があることは事実である。ことさらに異を唱えるべきではないのかも知れない。だが、服部の「画時代的な距離」に目を開かれた読者なら、ここで立ち止まって考えるだろう。科学技術の圧倒的な発達に目を向ければ、「現代とぴったりと重なって」はいないと小学生でも分かる。

つまり、「現代とぴったりと重なって」いるのは、〈心の在り方〉をめぐる領域においてなのであり、「画時代的な距離」は〈社会の技術的構造〉において顕著なのである。だから、〈心の在り方〉と〈社会の構造〉とは別次元として理解する必要がある。〈心の在り方〉の主要な部分を〈宗教〉として捉えることができる（心理学はこの領域の理論である）。〈社会の構造〉は、経済、政治、文化と三つの次元から構成され、それぞれの視点から探究されなくてはならない（私はこの考え方を、唯物史観に代わる〈複合史観〉として提起してきた(10)）。

あるいは服部は「宗教的真理の限界」（A一五一頁）に言及していた。服部は何を「限界」と考えたのか。服部は、「真俗二諦」論――「『王法為本』と『信心為本』の二諦ではなく、ただ一諦の信心為本のみがある」と強調するために、「宗教的真理」に「限界がある」と考えた。だが、「真」と「俗」と言葉を並べるのだから、そこに二つの次元あるいは領域が存在しているのは自明である。二つが存在していればこそ、その「ズレ」が問題となるのではないか。本来は「真」と「俗」と表現するよりは、「宗教と政治」のほうが適切だと、私は考える。その上で、宗教については「信心為本」を「真理」として掲げ、政治については「国王に向かひて礼拝せず」――今日の言葉でいえば〈法の下での平等〉と〈主権在民〉を貫くことが活路なのである。

なお、服部はこの「親鸞に体現された宗教的真理は詮ずるところ過去にむかっての真理であると書いていた。なぜ、「過去にむかっての真理」なのかを、服部は説明していない。「過去」ではなく、未来にむかっては別の真理があるとでもいうのか。この問題ではなお整理されていない混濁が残っていたことがはしなくも現れたのではないだろうか。

森もこの問題を取りあげている。森は『本願寺』で、「宗教の論理と歴史の論理の相違」（A二一頁）と書いていた。『親鸞その思想史』では、「親鸞の思想的遺産」と節を立てその結びで、インドの経典『無量寿経』の一節を引いたうえで、そこでは「他人を排除しなければ成立しない占有の自己疎外」や「階級社会の疎外の論理を素朴な形であるが、的確に指摘していた」（B二一二頁）と読み込んで、親鸞はこの経典を「もっとも根本とする教説とし」（B二一一頁）て読んでいたはずだから……と推論している。だが、この解釈には無理がある。森はあげていないが、まるでマルクスの疎外論を想起させる認識に親鸞が到達していたのであろうか。「素朴な形」ではなく明確な認識こそが求められなくてはならない。

さらに森は、「宗教者の実践とその場の論理としての社会科学の認識とがどのような関係におかれねばならないかを示唆するものである。その点で親鸞の思想をうけつぐものの現代における重大な課題でもあるだろう」（B二一三頁）と確認して、この節を結んでいる。「その場の論理としての」の意味がよく分からないし、「実践と社会科学」との関係というよりは、〈宗教と政治（学）〉との関係と設定したほうが分かりやすい。

親鸞や蓮如が生きていた時代には、「政治」は「王法」と表現されていたのだが、「民主政」が形成される以前であり、宗教の教義のなかに「王法」の理も混在していた。戸籍を扱っていたのも江戸時代までは寺であった。歴史を遡れば、宗教の位置はさらに高くなる。梅原猛は「古代日本において〔は〕、宗教が人々の生活を支配していた〔律していた〕」（B二二頁）と書いている。歴史の歩みが進むことによって、明確に両者を分けることができるようになり、政治学が生まれ、経済学が成立した。

宗教と政治との関係について内容深く解明することは他日の課題となるが、大きな方向で言えば、〈心の在り方〉と〈政治・経済〉とをはっきりと分けた上で、困難ではあるがその両方を理解する努力を重ねなくてはいけないのではないだろうか（〈政治・経済〉として、〈文化〉を抜いたのは、〈心の在り方〉と重なる部分が少なくないと考えるからである）。このように理解することによって、社会的政治的問題に目をつむり、〈心の在り方〉にだけ局限して生きようとする傾向に陥らず、他方で〈心の在り方〉を軽視・無視して専門的科学にだけのめり込む、人間不在の「専門バカ」に堕すことを回避・克服できるスタートラインに立つことができる。五木は「二一世紀は科学と宗教とが手を取り合っていく時代なんだ、という方向性がはっきり見えてきます」（B七三頁）とも書いているが、「科学と宗教と」を二つながらに調和する道はそこにあるのではないか。親鸞が生きた一三世紀でも蓮如が苦しんだ一五世紀でもなく、二一世紀だから、それが可能であり、また可能たらしめる努力が、私たちには課せられているのではないだろうか。先に、北島義信が宗教は政治の問題にも批判をむけよと主張していたことを引用したが、宗教が宗教外の領域に踏み込むというよりは、宗教者は宗教外の領域にも積極的に発言すると理解したほうがよい。だから正しくは主語を「宗教者」に代える必要がある。北島が注目・評価しているように、一九七〇年代後半から能登半島珠洲市で、浄土真宗大谷派の僧侶たちは、「真俗二諦」論への反省をバネに原発誘致に反対する闘いに立上がった（A八四頁～）。

私は、少し前に常識とされている「政教分離」ではなくて、〈宗国分離〉――宗教と国家との分離が正しく、〈宗政調和〉――宗教と政治との調和こそが求められていると提起した（本書五八、六〇頁）が、本稿ではさらにいくらかは肉づけすることができたようである。

C　資本主義と社会主義――五木寛之の認識を手がかりに

最後に、資本主義と社会主義をどのように認識するかについて取りあげよう。親鸞を主題にした論文でなぜ急に資本主義や社会主義が問題になるのか、首をかしげる人もいるだろう。何もマルクスの『資本論』やレーニンの『帝国主義論』を取りあげようというのではない。本稿で学んできた五木寛之の認識を手がかりにしようと思う。

「いま資本主義という老いた恐竜がのたうち回って断末魔を迎えようとしている図が浮かんできます」（B一七六頁）（A）。こう書いているのは、『共産党宣言』の解説書でもなく、マルクス主義の経済学者でもなく、五木である。

五木は、こうも書いている。

「バブルの絶頂期〔一九九〇年?〕に、司馬遼太郎さんは、『日本の資本主義は、この先数年のうちに、根底からひっくり返るよ』と指摘していました」（B一五二頁）。司馬について「日本人の傲慢の一端を自分が作りだしたのではないか」と「自己嫌悪の情」（B一五三頁）を抱いていたと評している。

五木は「資本主義を支えている精神的なバックボーンは、『多くを稼げ』『多くを蓄えよ』『多くを施せ』という三つの柱です」（B一五三頁）と理解している。〔B〕

五木は、社会主義ついても言及している。

「社会主義とは、資本主義の矛盾の中から生まれた鬼子です。それがすこやかに育ってくれれば、将来は資本主義の老後を見てくれる存在でした」（B一七六頁）。〔C〕

ソ連邦については、「ソビエトの社会主義もやっぱり〈無魂洋才〉でやったから失敗しました。たとえば『ロシア正教的社会主義』というものがあったとしたら、もう少しはつづいていたかもしれません。しかし、宗教を禁止してやろうとした。だから失敗した」（B一七一頁）と書いている。

あるいは「ソ連全体主義の解体は、民族と小国の情念のドラマでした」（A四五頁）と説明している。〔D〕

ついでながら、五木は、一九八〇年代初めにポーランドでの連帯労組の登場にも関心を寄せ、連帯のトップに立つワレサについて「私は、蓮如は中世のワレサであるなどと盛んに発言した」（B二二三頁）とも語っている。

文学者が時に応じて話す社会体制に関する言説をどのように理解することが正しくふさわしいこ

とかは分からないが、前記の〔A〕や〔C〕は、誰が書いたか名を伏して示せば、マルクス主義者なら、あるいは社会主義者なら一〇〇%同意する。反発する人のほうが多いだろうが、それは資本主義が永遠だと思っている、あるいは思わされているからにすぎない。

〔B〕は五木は典拠をあげていないが、ウェーバーの有名な『プロテスタンティズムの倫理と資本主義の精神』を踏襲したと思われる。だが、「精神的なバックボーン」だけではなく、経済システムとしてはどういう原理が作用・貫徹しているのかについても認識する必要がある。マルクスの洗礼を受けた者なら、資本制経済では「労働力の商品化」を基軸として、「利潤追求」が生産の目的・動機となり、そこに「価値法則」が貫かれていると考える。私は今でもこのマルクスの認識を踏襲しようと考えている。

〔D〕には賛同できない。もちろん主題がソ連邦の崩壊に設定されているわけではなく、世界史における「情念」の位置・役割に設定されている文脈なのであるが、それでも「ソ連全体主義」という枠取り・認識は妥当ではない（主題に設定しても「国家資本主義」などと錯認する例もある）。それでは、ロシア革命いらいのまさにロシアの諸民族の人びとの「情念」をすくい上げることはできないからである。そこには明らかに「社会主義への希望」もまた大小や質がさまざまではあっても流れ込み育まれていたはずである。

本稿で、資本主義と社会主義について現状認識はもちろん原理的認識を展開することもできないが、〔A〕や〔C〕を共通認識に据えたうえで、〔B〕〔D〕については正解を求めて探究する必要がある。その方向は、やはり〈社会主義〉いがいにはあり得ない、と私は確信している。梅原猛は高校生への授業で、「グローバリズムは露骨な資本主義の支配」と教え、マルクスを半ば肯定して、「やはり未来につくるべきものは、金持ちも貧乏人もない、皆が仲良くやっていける社会ではなかろうか」（C二四九〜二五一頁）と話しかけている。その探究は、明らかに〈心の在り方〉を探究する領域とは別の課題である。前項で明らかにしたとおりである。

こうして、私たちは、〈心の在り方〉についても、〈社会の構造〉についても深く理解する努力を重ねなくてはいけない。とても有限な個人がカバーすることはできず、不可避的に集団的・組織的努力が求められる。端的に言えば、そこに親鸞の時代とは違って〈組織〉が不可避的に必要となる最奥の根拠がある。アナキズムでは現実と本当に対決できないから、組織が必要となれば当然にも指導者が生まれる。そうなると指導者の誤謬と堕落の危険性も生じる。その弊害をどうするのか。人類は、ウェーバーが鋭く予見した「未来の隷従の容器」にはまり込むほかないのか。この課題については、先年「ウェーバーの『官僚制』論を超える」〔本書に収録〕を書いたので、ぜひ参照してほしい。すでに別の課題に踏み込みつつあるので、本稿はここで閉じることにする。

宗教者親鸞は、権力にへつらうことなく、平等を希求して、安穏な生活に安住することなく、ただ苦難の道を歩みながら深く思索し、説いた。この親鸞の〈異端〉の道に、政治者として二一世紀の今日に及ばずながらも連なるにはどうしたらよいのか。親鸞に造詣の深い方がたからの教示を得られれば幸いである。

〈参考文献〉

- 五木寛之『蓮如』岩波新書、一九九四年。A
  『他力』講談社、一九九八年。B
  『私訳歎異抄』東京書籍、二〇〇七年。C
  『歎異抄の謎』祥伝社、二〇〇九年。D
  『親鸞』講談社、二〇一〇年。
  『親鸞　激動篇』講談社、二〇一二年。
- 梅原猛『歎異抄（全訳注）』講談社学術文庫、二〇〇〇年。A
  『古事記』学研教育出版、二〇〇一年（原：一九八〇年）。B
  『梅原猛の授業　仏教』朝日新聞社、二〇〇二年。C
- 梅本克己『マルクス主義における思想と科学』三一書房、一九六四年。
- 金子大栄校注『歎異抄』岩波文庫、一九三一年。
- 片岡幸彦『下からのグローバリゼーション』新評論、二〇〇六年。
- 北島義信『親鸞復興』同時代社、二〇〇四年。A
  「中世における村落共同体・都市共同体の形成から学ぶもの」B。
- 木下尚江『法然と親鸞』。全集第八巻、教文館、一九九三年（原：一九一一年）。
- 服部之総『親鸞ノート』全集第一三巻、春秋社、一九七三年（原：一九四八年）。A
  『蓮如』全集第一四巻、春秋社、一九七四年。B
- 林田茂雄『親鸞の思想と生涯——親鸞をけがす歎異抄』白石書店、一九八一年。

『親鸞をけがす歎異抄』は三一書房、一九五六年。
• 村岡到「チリ革命敗北の歴史的教訓」『第四インターナショナル』第三六号＝一九八〇年七月。
「平等こそ社会主義正義論の核心」『生存権・平等・エコロジー』白順社、二〇〇三年。
『社会主義はなぜ大切か』社会評論社、二〇〇五年。
「ウェーバーの『官僚制』論を超える」。『プランB』第三〇号＝二〇一〇年一二月。〔本書に収録〕
「戦前における宗教者の闘い」。『プランB』第三八号＝二〇一二年六月。〔本書に収録〕
• 森龍吉『本願寺』三一書房、一九五九年。A
『親鸞その思想史』三一書房、一九六一年。B
• 森龍吉編『親鸞はいかに生きたか』講談社学術文庫、一九八〇年。C
• 矢田了章『「教行信証」入門』大法輪閣、二〇〇八年。
• 山折哲雄『親鸞を読む』岩波新書、二〇〇七年。
• 吉本隆明『最後の親鸞』春秋社、一九八一年。

〈注〉

本文にも出典頁を表示した。『歎異抄』については検索が楽なので、頁数は示していない。

(1) 村岡到「宗教と社会主義――ロシア革命での経験」。『悔いなき生き方は可能だ』ロゴス、二〇〇七年。
(2) 村岡到「社会主義像の刷新」。村岡到編『歴史の教訓と社会主義』ロゴス、二〇一二年、所収。
(3) 村岡到「チリ革命敗北の歴史的教訓」。八四頁。
(4) 家永三郎。服部『親鸞ノート』一八頁から。仮名遣いは変更。

(5) 梅原猛『歎異抄（全訳注）』二二〇頁
(6) マルクス『ユダヤ人問題によせて』岩波文庫、一九七四年、五三頁など。
(7) 五木寛之講演会、二〇一二年五月二一日、東京・霞ヶ関イイノホール。主催：東京新聞。
(8) 服部之総『親鸞ノート』八七頁。森龍吉『親鸞その思想史』一〇八頁。森龍吉『本願寺』二七頁に全文あり。同四六、一三二頁参照。
(9) 梅本克己『マルクス主義における思想と科学』一三〇頁。この一句はさらに、「ものであるように、肯定面の理解をともなわぬ否定は弱い」と続く。
(10) 村岡到「『唯物史観』の根本的検討」『連帯社会主義への政治理論』五月書房、二〇〇一年。「唯物史観から複合史観へ」『生存権所得』社会評論社、二〇〇九年。

〔追記〕文中の「本書」とは、本論文を収録した『親鸞・ウェーバー・社会主義』（ロゴス、二〇一二年）を指す。

宗教と社会主義との共振（続）

村岡　到

1　「宗教はアヘン」への蔵原惟人の批判

マルクス主義や左翼の世界では「宗教はアヘンである」が常識とされてきた。この一句は、マルクスが「ヘーゲル法哲学批判序説」で「宗教は民衆のアヘンである」と書いたことを出発点にして広く浸透してきた。

まずは、このような通俗的理解に対して、明確な疑問をいだき批判を加えていたマルクス主義者が存在していたことを確認しておきたい。日本共産党の幹部会員だった蔵原惟人である。三年前に発表した「社会主義と宗教との共振」(1)で明らかにしたので、引用符なしに引用する。

宗教を深く理解する蔵原は、マルクスの例の「宗教はアヘンである」について明確に批判的評価を明らかにしている。何度か論及しているが、赤旗編集部主催の「宗教者との対話」(2)が一番はっきりしている。そこでは「マルクスが『阿片』と言った意味は」と小見出しを立て、「確かにマルクスは、宗教は阿片であるということを言っています。しかしそれを彼は二五歳の時に書いた『ヘーゲル法哲学批判序説』という論文のなかで一回だけ言っているので、それ以外のところでは一度もこの言葉を使っていません。エンゲルスは私の知るかぎりでは、まったくこの言葉を使っていません」と説明し、そのすぐ前に書いてある「悩めるもののため息」を引いて、「毒薬という意味で使っているのではありません」と説明した。続けて、「レーニンは〔この〕マルクスの言葉を何回か用いて、それが『マルクス主義の世界観全体の要石である』とさえ言っており、さらに『マルクス主義は現代のすべての宗教と教会を……ブルジョア的反動の機関であると考える』と、相当きびしい意見を述べています」と付け加えた。そして、これらの言葉を「教条主義的に適用することは誤りであると、われわれは考えています」と結論している。多少は不鮮明な言い方だが、「宗教はアヘンである」という一句を偏重して宗教を絶対的に敵対視する理解が誤りであることを明らかにし、同時にその誤りにレーニンが陥っていることを示唆している（五一頁）。

蔵原は、一九〇二年に東京で生まれ、一九九一年に没した。一九五八年の第七回党大会で幹部会員（九人）となった。父・蔵原惟郭は熊本県で一八七六年にプロテスタントのキリスト教による「熊本バンド」結成の「奉教趣意書」に一四歳で署名し、後に政治家、教育家となり、衆議院議員にもなった（四九頁）。蔵原は、戦時中に獄中でロシア語の聖書を読破した（五三頁）。

この蔵原とは対照的に、〔長く共産党の委員長を務めた〕不破哲三氏は膨大な自著を有しているが、「宗教はアヘンである」については一言も自分の理解を明らかにはしない。不破氏は、「創共協定」が破綻した後の一九七五年末の中央委員会総会で「『宗教は民衆の阿片である』ということばで有名なマルクスの初期の論文に『ヘーゲル法哲学批判序説』という論文がありますが、この論文の全体的見地は……(3)」と報告している。問題の一句から「論文の全体的見地」へと論点をズラしている。だが、「赤い帽子を被るFさんは立派な人だ」と言われて、「赤い帽子」の良否について、立派な人が被っているのだから高価なものかもと推測する慌て者は別にして、正確に判断できる人はいないであろう。不破氏は明確な判断を避けている（五二頁）。

「毒薬という意味で使っているのではありません」はなお弁護論的であるが、後述する蔵原の深い宗教理解を学ぶほうが大切である。なお、「共産党は、敗戦の翌年に『布教の自由』を綱領的文書に明記していた。これは世界の社会主義運動に先駆ける方針である」（四九頁）。

2 宗教を理解する端緒と到達点

私は、二〇〇四年末に「愛と社会主義――マルクスとフロムを超えて(4)」を発表した。エーリッヒ・フロムの諸著を読書して、〈愛〉をどのように理解したら良いかと思案した。「梅本克己の主体性論」にも論及した。主体性論争の口火を切った梅本は、一九四七年に発表した「唯物論と人間」の冒頭に河上肇の自叙伝から「絶対的無我という一つの宗教的真理と、マルクス主義という一つの科学的真理とは、私の心の中に牢固として抜くべからざる弁証法的統一を形成しつつ(5)」というセンテンスを引いた。この論文には「マルクシズムと宗教的なもの」というサブタイトルが付けられていた。

私は、「愛を交換する」と考えるマルクスの欠点・限界をえぐり出し、「愛と社会主義との〈調和〉」が必要で大切だと提起した。この提起については、映画監督の山田太一氏から「読後、一個の人格に接したような感銘がありました。／『愛』とか『宗教』とか、科学的記述を損なう輪郭も実体も判然としない世界を、なんとか網の中に捉えようとなさっていること、その努力に胸を打たれるし、その必要もとても感じました[6]」と望外のお返事をいただいた。

続いて、翌年に「宗教と社会主義――ロシア革命での経験[7]」を発表した。「建神主義」を唱えていたルナチャルスキーが、一九一七年のロシア革命直後にレーニンによって教育人民委員（文部大臣）に抜擢されていたことを知り、社会主義と宗教との関係について深く考えなくてはいけないと気づいた。

この論文を発表した直後二〇〇五年に著した『社会主義はなぜ大切か』では「〈宗教とは、人間の内面的世界の安心を求めて、何らかの超越的なものを信仰する行為で、絶対的な性格をもつ教義と教祖を不可欠とする〉、と規定できる[8]」と書いた。「人間の内面的世界の安心」とは別言すれば〈心の問題〉である（その七年後の「社会主義像の刷新」では、前記の「不可欠とする」を「を求める傾向がある[9]」と書き換えた）。そして「私たちは、宗教や宗教的傾向を排斥するのではなく、内在的に対話し、〈心の問題〉に豊かな内実を創造してゆかなくてはならない。第二次世界大戦でナチに対するレジスタンスのなかで、『神を信じる者も信じない者も』が合言葉にされたように、私たちは宗教者とも根底的な次元から真摯な協力関係を創り上げていかなくてはならない」と結論した。

その後、私はこのテーマに関連して次の論文を書いた。

- 「社会主義像の刷新」　二〇一二年五月
- 「戦前の宗教者の闘い」　二〇一二年六月
- 「親鸞を通して分かること」　二〇一二年九月

「社会主義像の刷新」では、「三　宗教的なものと社会変革との〈調和〉」と項目を立てて、「宗教が『人間の内面的世界の安心を求め』る志向性を不可欠とすることに留意するなら、はっきりと『宗教的なものと社会変革との〈調和〉』が可能であり、必要であると結論しなくてはならない」(9)と書いた。

「戦前の宗教者の闘い」では、浄土真宗大谷派の僧侶・植木徹誠（植木等の父親）が戦争反対を貫いて治安維持法で投獄され、戦後に共産党に入党したことなどに言及し、結びで「辛苦に耐えて真実の道を歩まんとした求道者に多くの人びとが共鳴する。そういう人たちとの接点を内在的に深めることに、今日の閉塞状況を突破して社会主義への道を切り開く一つの有効な通路があるに違いない。そう気づいたからには、この難路に踏み出すことが、私の人生の次の課題である」(10)と書いた。

「親鸞を通して分かること」では、親鸞が平等を強く説いたことに踏まえて、「私たちは、〈心の在り方〉についても、〈社会の構造〉についても深く理解する努力を重ねなくてはいけない」(11)と結論した。

また、前節で紹介した蔵原は、「宗教をどう見るか」で「宗教者と共産主義者との間の対話と協力、そこからくる相互理解のなかで、もしも宗教と共産主義の双方がその原点にたちかえれば、その世界観の相違にもかかわらず……、一時的ではなくて永続的に協力し、団結しうるという確信に達しつつある[12]」と書いていた。

創価学会の主導者池田大作氏は、一九七五年に「創共協定」の破綻後に宮本顕治との対談で「政治はやはり人間の外から、人間を方向づけようとする本質を持っているのに対し、文化は、人間性の内なる発露を外に拡大してゆく本質を持っています[13]」と話している。ここでの「文化」を「宗教」と置き換えてもよいだろう(「創共協定」については拙著『「創共協定」とは何だったのか』参照)。さらに、「宗教とマルキシズムの共存は、人類の未来のために不可欠の文明的課題である」とまで語った!

私は、これらの先達に学んで、「社会主義と宗教との共振」で次のような結論に到達した。

宗教を〈心の問題〉、政治活動を〈社会のあり方〉に重点を置くものとして理解することによって、両者の根源には〈人間の幸せ〉を希求するという共通性が存在する、と理解できるのではないであろうか。

この根底的な共通性に立脚して、〈心の問題〉に重点を置く人間と、〈社会のあり方〉に重点を置く人間との協力が可能となる。私たちは、社会主義を志向するがゆえに、〈社会主義と宗教との共振〉と明示することが適切ではないだろうか(五五頁)。

さらに昨年、「『創共協定』の『死文化』と池田大作」で「社会主義と宗教との共振」と書き換え、すぐ後に「宗教と社会主義との共振[14]」とタイトルした論文を発表した。宗教のほうが社会主義よりも広く存在しているからである。日本社会において宗教が占める位置と影響の深さと大きさについてしっかりと認識することなしに、社会主義思想を土着化することは出来ない。江戸時代には戸籍はお寺が管理していた。浄土真宗のお寺で育った北島義信氏によれば、一九五〇年代には学校長や警察署長が交代すると新任者がお寺に挨拶に来たという。宗派は別にして多くの家に仏壇はある。共産党が〈宗教と社会主義との共振〉を明確にして、「赤旗」に「宗教頁」を常設して宗教界の動向をフォローして対話を追求すれば、減退している「赤旗」購読者の拡大も図れるであろう。

3　社会主義像の刷新・豊富化

私は、社会主義像に関して「協議経済」と「清廉な官僚制」がその内実であると主張してきた。(15) 加えて〈宗教と社会主義との共振〉と提起することは、従来の社会主義論の限界を超えて新しい境地を切り開くことを意味する。「宗教はアヘンだ」とするドグマを超克して、宗教者や宗教に関心を抱く人たちを蔑視したり排斥することなく、さらに当面の政治的必要性というレベルを超えて協力する水路を広げることが出来る。そこでは〈友愛〉がもっとも大切な信条・心情とされる。

私は以前に「連帯社会主義」と創語したことがある。二〇〇一年には拙著のタイトルに『連帯社会主義への政治理論(16)』と付けた。一九八〇年にポーランドに登場した自主独立労組「連帯」の余韻がまだ消えてはいなかった時期に、その風潮にあやかる思いも込めたのであるが、しだいに他の問題や論点にも思考が広がり、その使用を止めた。そういう経緯もあったので、「友愛社会主義」と創語することはためらっていたのであるが、今年六月に刊行した『左翼の反省と展望』に対して、碓井敏正氏に書評を書いていただいたら、そのタイトルが「友愛社会主義への道」[17]となっていた。さらに『フラタニティ』第二〇号に寄せていただいた論文のタイトルは「友愛社会主義の根拠と可能性」とされていた。それで背中を押される形で、本稿から〈友愛社会主義〉と書くことにする。

何度も指摘しているように、「自由・平等・友愛」は一八世紀のフランス革命のスローガンである。中学校でも習うであろうが、日本の憲法では「自由」「平等」は書かれているが、「友愛」は無い。共産党の綱領にも書いてない。日本の戦前の労働運動のなかでキリスト者を中心とする「友愛会」が活動していたが、それが戦争協力に飲み込まれた負の経験も作用して「友愛」は敬遠されるようになった。その〈友愛〉が、本書に収録した碓井論文や亀山論文、さらに次の澤藤短文によって好意的に論評されるようになった。

弁護士の澤藤統一郎氏は「『フラタニティ』」、憲法論での位置と意味」なる短文で、「当初、『フラタニティ』というこの季刊誌のタイトルに、やや馴染めないところがあった。しかし、間もなく違和感は払拭され、今はこの命名に納得もし感心もしている」[18]とした上で、「『自由・平等』が分かり易く、『友愛』が分かりにくいのは、憲法の構造上の必然というべきであろう」と説明した。そして「『友愛』は、……決して法的な要件や効果を表現する用語ではなく、権力を捨象した社会における人民相互の関係の理想を表す標語なのであろう」として「『自由と形式的平等』を原理とする憲法あるいは社会の限界」を超える「役割」を果たす、と位置づける。

本稿ではもう二つ、新しく気づいた論点を明らかにしたい。

一つは、自らの主張・理論を「科学的社会主義」と称することの是非についてである。

周知のように、マルクスやエンゲルスは自らの主張を「空想的社会主義」と対比して「科学的社会主義」として打ち出した。エンゲルスの『空想から科学へ』が『共産党宣言』と合わせて宣伝・流布されてきた。経済学によって基礎づけて社会主義を主張するという立場とその内実（『資本論』がその典拠）については、大きな意義があるものと明確に認識しなくてはならない。繰り返して確認しているように、私はこの点ではマルクスの歴史的業績を積極的に評価する。だが、そのことを論拠に、自分たち以外の「社会主義」を「空想的社会主義」と蔑み、自らを「科学的社会主義」と主張することは正しかったのか。まさに「長所の裏に短所あり」だったのではないか。この問題については、二年前に「マルクスの歴史的意義と根本的限界」[19]で詳述した。

なお、坂本慶一が明らかにしたように、「『科学的社会主義』という語は、プルードンが一八四〇年の著書『所有とは何か』において、マルクス、エンゲルスに先んじて使用している」[20]。

ところで、共産党は綱領の冒頭で「科学的社会主義を理論的な基礎とする政党として、創立された」と確認している。マルクスやレーニンなどの人名を冠した「××主義」ではなく、「科学的社会主義」が適切だとされたのであるが、それで良いのだろうか。

さて、本書に収録した下澤悦夫氏の論文に、講座派の影響を受けて「大塚史学」を打ち立てた大塚久雄の『社会科学の方法』と書いてあり（本書六三頁）、少しビックリした。というのは、私は一九七七年六月にこの新書を読んだ時に、ウェーバーの「価値自由」という考え方を学んだ記憶があるからである。[21]今度あらためて読み返したら、大塚は、初めに「自然科学」と「社会科学」とを対比しながら、「人間の営みにほかならぬ社会現象を対象としたばあい、自然科学と同じような意味において科学的という言葉を使ってさしつかえないような認識は、いったい、どのようにして成立することになるのだろうか」[22]と問題を設定していた。私はこの部分に赤鉛筆で棒線を引いていたが、「科学的社会主義」と絡めて意識することはなかった。「科学的社会主義」に問題意識を抱いた直後に、大塚の『社会科学の方法』を再読することになったのはグッド・タイミングである。大塚は、副題に「ウェーバーとマルクス」とあるように、この二人の理論的内実を比較して深く考察している。大塚は「マルキシズムの立場に立つ人々は、それぞれの文化領域に固有な法則といったものがあるのかないのか、……なかなか説明してくれない」と緩く指摘していた。私は初読のさいに「価値自由」について、「偏見なく誰からも学ぶことが大切」と理解したにすぎないが、ウェーバーの「宗教社会学」に踏み込んで理解を深めるべきであった。ウェーバーについては、「ウェーバーの『社会主義』批判について」と「〈清廉な官僚制〉の創造を」を二〇一〇年に発表した。[23]

マルクス主義において「社会現象」での「固有な法則」とされている典型は、「歴史の必然性」である。私は、一九九七年に「ロシア革命と『歴史の必然性』の罠」[24]でその誤りを批判した。未だ地球上には「社会主義社会」は実現していないし、マルクスの時代にはその萌芽さえ存在していなかった（一八七一年のパリ・コミューンを「社会主義社会」と錯覚する人はいない）。

こうして、「歴史の必然性」なる、事実による裏付けを欠く個人的確信を支えにした「唯物史観」を論拠にして「科学的社会主義」と称することは、誤りだった、と明確に確認する必要がある。「唯物史観」については、二〇〇〇年末に「『唯物史観』の根本的検討」で批判し、二〇〇九年に「唯物史観から複合史観へ」で新しい理解を展開した。(25)「科学的社会主義」と自称することを止めることは、マルクス主義や左翼が陥っている唯我独尊のセクト主義からの脱却を促すことになる。

もう一つは、〈地域〉という視座の設定である。これまでは私も政治闘争や労働運動を重視していて〈地域〉あるいは〈ローカル〉に焦点を当てることはほとんどなかった。だが、今年七月の都知事選挙の結果を直視して、「都政」についてきわめて軽視していたことに気づいた。確かに都知事選挙の度ごとに誰に投票したらよいかについて自らの意見を主張することはあったが、都政をどうしたら良いかを真正面から問題にすることはなかった。本当は、全国政治において〈政権構想〉が不可欠であるように、〈都政構想〉を明らかにしなくてはいけなかった。この弱点は、〈地域〉という視座が欠落していたから生じたのである。自分が住んでいる街がどのような街になるべきなのかについても考え論及しなくてはならなかったのである。

例えば、公害を発生させる工場が近くにある場合にはその撤去・改善を求める地域の運動に積極的に参加したり、民衆に基礎を置く伝統的文化の保存に協力したり、地域のお祭りを盛り上げたり、町内会や団地の自治会活動に参加することも大切な仕事である。共産党の場合には、六桁の党員が存在しているから、党員は「職場、地域、学園」を単位として組織されているし、地方自治体の議員も活動しているが、「地域をどうするか」という明確な目的意識に踏まえたものではない。さらに、団地の自治会長を務めながら労働組合活動や理論的研究に打ち込むことはできない。この難題をどのように解決するのか。社会主義をめざす前衛党の組織論として探究しなくてはならない。

4 村岡提起への反響と期待

最後に、本書『宗教と社会主義との共振』を編み終えて、私は一つの仕事を成し遂げたという思いと今度こそ何らかの反応が起きてほしいという期待を抱いている。本書には、北島義信（浄土真宗僧侶）、亀山純生（親鸞研究者）、下澤悦夫（キリスト者・元裁判官）、鹿子木旦夫（大本教幹部）、二見伸明（創価学会員・元衆議院議員）、碓井敏正（哲学者）の諸氏が協力している。一つを除いてすべて『フラタニティ』に掲載したものである。同誌の刊行を支えてくれた読者に深く感謝します。

個別の論文などを一本にまとめようと思いついたのは、それなりの分量になってきたことに加えて、コロナ禍による宗教への関心の広がりが感じられたからである。また、近年「資本主義の限界」が広く説かれているが、〈社会主義〉を正面から主張する論者はごく少ないという状況に陥っているので、そこを突破したいと強く考えるからでもある。

私は一九七八年に第四インターの「世界革命」編集部に配属されていらい、「日本共産党との対話」を呼びかけ、八〇年に「政治グループ稲妻」を創ってから細々とではあるが社会主義を志向する論文を発表し著作を刊行してきた。八〇年代初めには『朝日ジャーナル』が健在だったころに、何度か拙論が掲載され、共産党が大きく紙面を使って「反論」したこともあったが[26]、この三〇数年は全く無視されている（なお、同誌は一九九二年に廃刊された）。『週刊金曜日』などに論文を執筆することもあったが、近年はその機会も無くなった。だから、発信は続けているが、暖簾に腕押しで、批判されることもなく無視されている。〈社会主義〉を真正面から主張していることが、「敬遠」いや「警（戒）遠」の理由かもしれない。だが、私だけが例外というのではなく、近年の言論空間は論争と呼べるほどの論議はほとんど姿を消し、他者を批判することも稀である。

このような状況の中で、政治的立場を異にする六人の方が「宗教と社会主義」に関して、私との接点を創り出し、論及してくれた。中野毅氏（創価大学名誉教授）も「村岡到氏の『創共協定』めぐる問題意識に共振[27]」を寄せてくれた。とても有難いことである。論点が「宗教」であるがゆえに関与する気持ちを生み出し、論及することになったのであろう。そこに宗教の意味が秘められている。

本書をきっかけにして、執筆者の周りを初めとして宗教や社会主義についての関心と論議が広がり、深まることを心から祈念します。

何度も援用するが、ここでも最後に、一九八〇年代のペレストロイカ期にゴルバチョフが呼びかけた合い言葉を掲げよう。「社会主義へ討論の文化を！」

〈注〉

(1)　村岡到「社会主義と宗教との共振」：『創共協定』とは何だったのか』ロゴス、二〇一七年、に収録。

以下、本文に頁数を示す。

(2) 蔵原惟人編「宗教と共産主義についての対話』新日本出版社、一九七六年、一一頁、一三頁。

(3) 不破哲三報告：『日本共産党と宗教問題』新日本文庫、一九七九年、一〇一頁。

(4) 村岡到「愛と社会主義――マルクスとフロムを超えて」：『創共協定」とは何だったのか』所収。

(5) 梅本克己『梅本克己著作集』第一巻、三一書房、一九七七年、三三三頁。

(6) 山田太一手紙：『創共協定」とは何だったのか』一八二頁。

(7) 村岡到「宗教と社会主義――ロシア革命での経験」：『創共協定」とは何だったのか』所収。

(8) 村岡到『社会主義はなぜ大切か』社会評論社、二〇〇五年、九二頁。

(9) 村岡到「社会主義像の刷新」：村岡到編『歴史の教訓と社会主義』ロゴス、二〇一二年、二一〇頁。

(10) 村岡到「戦前の宗教者の闘い」『親鸞・ウェーバー・社会主義』ロゴス、二〇一二年、六一頁。

(11) 村岡到「親鸞を通して分かること」『親鸞・ウェーバー・社会主義』四一頁。

(12) 蔵原惟人『宗教　その起源と役割』新日本出版社、一九七八年、八三頁、九二頁、一一五頁。

(13) 『池田大作・宮本顕治　人生対談』毎日新聞社、一九七五年、一三五頁、四〇頁。『創共協定」とは何だったのか』一七頁、三五頁、五五頁。

(14) 村岡到「『創共協定』の『死文化』と池田大作」：『創共協定」とは何だったのか』六六頁／「宗教と社会主義との共振」：村岡到編『社会主義像の新探究①』ロゴス、二〇一九年、九六頁。

(15) 「協議経済」については「〈協議経済〉の構想」：『協議型社会主義の模索――新左翼体験とソ連邦の崩壊を経て』（社会評論社、一九九九年）など、「清廉な官僚制」については「〈清廉な官僚制〉の創造を」（『親鸞・ウェーバー・社会主義』）参照。

⑯ 村岡到『連帯社会主義への政治理論』五月書房、二〇〇一年。
⑰ 碓井敏正「友愛社会主義への道」季刊『フラタニティ』第一九号：二〇二〇年八月。
⑱ 澤藤統一郎「『フラタニティ』、憲法論での位置と意味」『フラタニティ』第二〇号：一一月。
⑲ 村岡到「マルクスの歴史的意義と根本的限界」：『マルクスの業績と限界』ロゴス、二〇一八年。
⑳ 坂本慶一「ユートピア社会主義の思想家たち」：『世界の名著』第四二巻、中央公論社、一九八〇年、八〇頁。『社会主義はなぜ大切か』一三九頁に引用。
㉑ 村岡到『スターリン主義批判の現段階』稲妻社、一九八〇年、一九頁。『親鸞・ウェーバー・社会主義』一一四頁に引用。
㉒ 大塚久雄『社会科学の方法』岩波書店、一九六六年、九頁、二〇一頁。
㉓ 村岡到「ウェーバーの『社会主義』批判について」「〈清廉な官僚制〉の創造を」：『親鸞・ウェーバー・社会主義』に収録。
㉔ 村岡到「ロシア革命と『歴史の必然性』の罠」：『協議型社会主義の模索』に収録。
㉕ 村岡到「『唯物史観』の根本的検討」：『連帯社会主義への政治理論』所収／「唯物史観から複合史観へ」：『生存権所得』（ロゴス、二〇〇九年）所収。『友愛社会をめざす』ロゴス、二〇一三年、八二頁～参照。
㉖ 日本共産党「赤旗」論文「『共産党分散化』願っての作文」一九八二年一〇月一五日。村岡の『朝日ジャーナル』掲載論文への「批判」は数度にわたり、それらは『岐路に立つ日本共産党』（稲妻社、一九八四年）の「あとがき」に列挙した（二一二頁）。
㉗ 中野毅「村岡到氏の『創共協定』めぐる問題意識に共振」：『フラタニティ』第二〇号。

書評　宗教的世界の重大な位置と役割を解明
——中野毅『戦後日本の宗教と政治』（大明堂、二〇〇三年）

村岡　到

本書は、今から一七年前、二〇〇三年に刊行された。著者の中野毅氏は創価大学文学部教授（現在は名誉教授）。本書の構成は以下の通り。

序　章　目的・対象・方法
第一部　占領宗教改革と日本国家の宗教性
第一章　アメリカ合衆国の対日宗教政策
第二章　対日宗教政策における「信教の自由」
第三章　占領改革と宗教的世界の変容
第二部　戦後の民衆宗教運動と政治参加
第四章　戦後日本における新宗教の政治活動
第五章　宗教団体による政治参加——創価学会・公明党を事例として
終　章　総括と課題

この目次にも明らかなように、中野氏は本書で、宗教が人間の社会でいかに大きな位置を占め役割を果たしているのかについて、社会の成り立ちという原理的レベルから、日本社会の特質、特に敗戦後のアメリカによる占領政策の影響、という視点からトータルに解明し、さらに敗戦後の新宗教運動、とくに創価学会に焦点を据えてその特徴と探究すべき課題を明らかにしている。

「序章　目的・対象・方法」で、中野氏は、宗教社会学を探究する自身の「目的・対象・方法」を説明する。冒頭に「本書は、第二次大戦後の日本における『国家と宗教』『政治と宗教』の関係と動態というマクロな課題を、宗教学および宗教社会学による研究方法とパースペクティブから再検討したものである」と書かれている。「宗教学および宗教社会学」だけでなく、「宗教現象学」についても外国の論者の知見を広く摂取・活用しているが、私は現象学についてまったく不案内なので要約できない。日本の戦後(後述)について、勝者であるアメリカと敗者の日本との複雑な関係を、中野氏は、キリスト教世界で「新しい葡萄酒は、新しい革袋に」(『新約聖書』マタイ伝第九章の一節)と言われているのを文字って「新しい革袋に、古い酒」とたとえている。言い得て妙である、と思った。

第一章では、「アメリカ合衆国の対日宗教政策」について、その決定的な核心として一九四五年一二月に出された「神道指令」によって命じられた「政教分離」の原則の意味と影響を鋭く説いている。アメリカが日米開戦のはるか以前から日本占領の計画を練っていたことや、ルーズヴェルト大統領の「四つの自由」の宣言について知ることができた。ルーズヴェルトには「日本キリスト教化」

の狙いがあった。中野氏は、「連合軍による対日占領を、異なった二つの『宗教的世界』または『文明間』の衝突と相克として再検討」する必要があると説く。これが「本書第一部の中心的主題である」。そのカギは、「信教の自由」にあった。

また、天皇をいかなるものとして捉え、戦後にどのような形で位置づけるかも大きな問題であった。「廃止論と存続論の相克」についても詳しく解明している。天皇を「象徴」とするアイデアは一九四二年末から言及されていた。

第二章では、「対日宗教政策における『信教の自由』」について、前記の「神道指令」が出される背景と内容を解明する。「国家と宗教の分離」が基軸である。「神道指令」は宗教問題担当のウィリアム・バンス大尉が起草した。バンスは、「戦前に四国の松山高校で英語の教師をしてい」て「日本の伝統文化に対する理解もあ」った。彼は、ルーズヴェルトやマッカーサーとは異なって、「キリスト教をも、他の宗教と等しい法的基礎の上に置く」べきだと考えていた。

第三章では「占領改革と宗教的世界の変容」として、一九五二年四月まで六年余の占領下で、「神道指令の法制化・制度化」の実態を明らかにする。「宗教政策は連合国の日本管理政策のうちでも最も重要な政策の一つであ」った。中野氏は、戦前の天皇制についての武田清子氏の「平等原理」と「専制原理」との「二頭立ての馬車」説を引きながら、この「天皇制国家体制」と対比して、敗戦後は天皇を基軸とすることを止め、「国家の世俗化」が進められたと見る。靖国神社の位置づけが焦点となる。「支配」の真義をウェーバーを引いて説明し、日本の宗教的世界が大きく変容したと明らかにする。

第四章では「戦後日本における新宗教の政治活動」の実態を取りあげる。敗戦によって「自由」を得た国民が新宗教の勃興へと動き、諸宗教団体（天理教、立正佼成会、生長の家など）が国政選挙に大挙登場することにつながった。その特異な例が「創価学会の急速な発展と政界への進出である」（次章）。中野氏は、公明党結党時の「人間性社会主義」についても引用している。政治参加と宗教の初発の思いとの相克を指摘する。出口なおの大本教にも筆を割いている。

第五章では「宗教団体による政治参加」を取りあげる。主に創価学会・公明党を事例としている。一九六四年一一月の立党以来の経過を再述する紙数はないが、問題の焦点は「政教分離」をどのように理解すべきかにある。「国家と政治」は明確に区別しなくてはならない。この問題については、私は〈宗国分離〉とすべきだと提起してきたが、中野氏の理解も内容的には同一で安心した。その上で、公明党の場合には「いかなる社会や国家をめざすのか理解しにくいことにな」っていると指摘する。「宗教と政治との同質性と異質性」についてさらに深く考察しなくてはならない。中野氏は「創価学会の宗教的理想があいまいとなってしま」う危険性を指摘している。

終章で全体の総括と次の課題が提示される。

中野氏は公明党に対しても批判的に論評しているが、さらに突っ込んで池田大作氏の歩みについてどのように評価したら良いのかについて別論していただくことを期待したい。池田氏が一九七〇年代前半まで主張していた「人間性社会主義」をどのように評価すべきかなのか。

私は、ロシア革命の勝利直後に、レーニンが「建神主義」の主張者ルナチャルスキーを教育人民委員〈文部大臣〉に抜擢したことを知って、宗教の重大性に気づき、二〇〇五年に「宗教と社会主義――ロシア革命での経験」を書いた。以後、親鸞や大本教について少し勉強し、近年ようやく〈宗教と社会主義との共振〉が大切だと考えるようになったが、宗教について真正面から研究したことはなかった。本書の「邦文・邦訳文献」には一五〇冊もの著作が挙げられているが、私が読んだことがあるのは、ウェーバー『支配の社会学』、武田清子『天皇観の相克』、安丸良夫『出口なお』のわずか三冊である。ただ恥ずかしいと言うしかない。戦後の日本政治、特に天皇制について深く理解するためには、中野氏が明らかにした「宗教的世界」の位置と意味について知ることが不可欠だと教えられた。この欠落もまた、日本左翼の致命的欠陥だった。

最後に、私が昨年八月に『池田大作の「人間性社会主義」』〈ロゴス〉を刊行したことが、本書を学ぶ機縁となったことを記しておきたい〈なお、この本を出した後で、池田氏が二〇〇七年に共産党の宮本顕治〈一九七五年に対談した〉が没したさいに、弔辞を送っていたと知った〉。中野氏は「あとがき」で「時に励ましてくださった池田大作先生」と書いている。私には、私と中野氏を結びつける、池田氏の「意志」が伝わってくる気がする。

「政教分離」ではなく〈宗国分離〉を

村岡　到

私は、二〇一二年に「戦前における宗教者の闘い」で、「『政教分離』は正しくは〈宗国分離〉とすべきである。宗教と国家との癒着が問題なのである」。「『国宗分離』でもよいが、主要な問題関心は、国家についてではなく、宗教にこそあるから、宗教を先にして〈宗国分離〉のほうが適切である」と提起した（『親鸞・ウェーバー・社会主義』五八頁）。

日本共産党の最高指導者だった宮本顕治は、「国教分離」と書き、「政教分離といわれることの積極的内容の一つは、国家と宗教の分離であり、宗教は国家にとって私事でなくてはならないということである」と説明していた（『日本共産党と宗教問題』一九七九年、八〇頁、九一頁）。

公明党も『公明党50年の歩み』で「本来なら『国・教分離』」と表現するのが妥当だ」と書いている（二一四頁。村岡到『「創共協定」とは何だったのか』二一頁〜二二頁）。

宮本や公明党が「国教分離」や「国・教分離」を貫くことがなく、他の文書では「政教分離」を使っているのは不徹底である。

宗教研究者のなかでは、高尾利数氏が一九九九年に「『政教分離』についての正確な認識が欠落している」と指摘し、「この原則は、英語ではSeparation of Church and Stateと表現される。それは『国家と特定の宗教教団が共に組織として癒着してはならない』という原則なのである」と説明していた（『QUEST』第三号＝一九九九年九月、九頁）。最近では、玉野和志氏は『創価学会の研究』で、「政教分離」について、「特定の宗教団体が特定の政党を支持することとは何の関係もない」と説明している（七三頁、八一頁も）。

あとがき

まずは、収録論文などの初出を記す。

北島義信　現代における宗教の役割と社会主義　季刊『フラタニティ』第一九号＝二〇二〇年八月
亀山純生　日本仏教が社会変革運動と「共振」しうる主体的条件　『フラタニティ』第二〇号
下澤悦夫　現代の日本社会とキリスト教　『フラタニティ』第一九号＝二〇二〇年八月
鹿子木旦夫　大本教信徒として生きる　隔月刊『プランB』第三八号＝二〇一二年六月
　同　　大本教と世界連邦運動　『フラタニティ』第二号＝二〇一六年五月
二見伸明　創価学会の初心に戻れ　『フラタニティ』第一二号＝二〇一八年一一月
碓井敏正　友愛社会主義の根拠と可能性　『フラタニティ』第二〇号＝二〇二〇年一一月
村岡　到　親鸞を通して分かること　『プランB』第三九号＝二〇一二年九月
村岡　到　宗教と社会主義との共振・続（新稿）
村岡　到　書評　中野毅『戦後日本の宗教と政治』『フラタニティ』第一九号＝二〇二〇年八月
コラム「政教分離」ではなく〈宗国分離〉を　『池田大作の「人間性社会主義」』二〇一九年

これらの他にも、中野毅氏（創価大学名誉教授）が「村岡到氏の『創共協定』めぐる問題意識に共振」という一文を書いてくれた（『フラタニティ』第二〇号）。

近年、「資本主義の限界」と書かれることが多くなった。ソ連邦が崩壊した一九九一年直後には「社会主義の敗北」がマスコミの常套句だったことを想起すると、世界史の大きな変動を強く実感する。だが、「社会主義の敗北」が定着したせいか、「ポスト資本主義」とは書くが、「社会主義」を禁句にしている場合がほとんどである。そうではなく、ソ連邦の七四年間の経験の総括に踏まえた〈新しい社会主義像〉を探究しなくてはならないのである（来春刊行の『フラタニティ』第二一号で特集）。本書で柱とした〈宗教と社会主義との共振〉は、その一環である。〈協議経済〉や〈清廉な官僚制〉を論軸として明らかにした、私の社会主義論については、既出の何冊かの拙著を参照してほしい。

さらに高い理想を求め描くだけではなく、現実の政治にも強くコミットしなくてはならない。そのカギは〈政権構想〉の内実を示し、〈閣外協力〉の立場から、自公政権に代わる新政権をめざすことにある。存命中は無名だった親鸞は、「災害社会」で、自分の寺を持つことも無く周りの人びとに自分が会得した仏の道を説いた。宗教家の場合にはそれも一つの気高い生き方であろう。その道を真摯に歩んだが故に八〇〇年後にも親鸞は学ばれている。しかし、国連がSDGsを説く、多事多難の二一世紀に、社会の変革を強く望む場合には自説を静かに説くだけではなく、その広がりを求める必要がある。多数の理解なしに理想は実現しない。その立場から、私は今夏『左翼の反省と展望』（ロゴス）を刊行した。本書と合わせて一読してほしい。

本書の校正を済ませて、銀杏の落ち葉で足下が黄色に染まる公園を散歩しながら、ワイマール共和国の司法大臣を務めた法学者グスタフ・ラートブルフが喝破した「社会主義はある特定の世界観に結びつくものではない」（『社会主義の文化理論』みすず書房、一九五三年、一三二頁）という一句を反芻している（『左翼の反省と展望』九七頁、参照）。

本書をきっかけとして、宗教についても、社会主義についても関心が呼び起こされ、議論が生まれることを切望する。特に若い世代や青年の心に届くことを願っています。是非、応答してください。

二〇二〇年一二月一日

村岡　到

↘ REVIEW, VOLUME 11, AUGUST 2019, No. 2, 韓国外国語大学・法学研究院国際法学研究センター

亀山純生　かめやま・すみお　1948年1月3日生まれ

東京農工大学名誉教授

＊『〈災害社会〉・東国農民と親鸞浄土教』農林統計出版、2012年

＊『環境倫理と風土』大月書店、2005年

＊『現代日本の「宗教」を問い直す』青木書店、2003年

＊『中世民衆思想と法然浄土教』大月書店、2003年

＊共編著『〈農〉と共生の思想』農林統計出版、2011年

下澤悦夫　しもざわ・えつお　1941年8月31日生まれ

元裁判官、無教会キリスト者

＊下澤悦夫・若木高善・大河原礼三編『藤田若雄が語る労働運動と無教会キリスト教』木鐸社、2016年

＊「裁判所の民主化運動と私の職場問題」：阿部健・奥田暁子・中島正道編著『職業・思想・運動――マイノリティの挑戦』三一書房、1998年

＊「家裁の人－法壇で考えた子どものこと夫婦のこと」：日本裁判官ネットワーク編『裁判官は訴える！私たちの大疑問』講談社、1999年

二見伸明　ふたみ・のぶあき　1935年2月10日生まれ

公明党元副委員長、元衆議院議員

鹿子木旦夫　かなこぎ・ときお　1947年12月2日生まれ

元大本綾部祭祀センター長、元綾部市議会議長

碓井敏正　うすい・としまさ　1946年12月6日生れ

京都橘大学名誉教授

＊『現代正義論』青木書店、1998年

＊『格差とイデオロギー』大月書店、2008年

＊『グローバル・ガバナンスの時代へ』大月書店、2004年

＊『成熟社会における人権、道徳、民主主義』文理閣、2010年

＊『成熟社会における組織と人間』花伝社、2015年

執筆者紹介

北島義信　きたじま・ぎしん　1944年2月4日生まれ

四日市大学名誉教授、真宗高田派正泉寺前住職

＊チャールズ・ヴィラ・ヴィセンシオ著、北島義信監訳『南アフリカの指導者、宗教と政治を語る』本の泉社、2012年

＊『坊主の品格』（日本図書館協会選定図書）、本の泉社、2015年

＊共著『ブラック・ライブズ・スタディーズ』三月社、2020年

論文

＊ The Relationship between ' Buddhist Law' and 'Secular Law' in Japanese History and Its Contemporary Meanings: Focusing on St. Shinran's Shin Buddhist Thought, HUFS GLOBAL LAW ↗

村岡 到（むらおか・いたる）

1943年4月6日生まれ

1962年　新潟県立長岡高校卒業

1963年　東京大学医学部付属病院分院に勤務（1975年に失職）

1969年　10・21闘争で逮捕・有罪

1980年　政治グループ稲妻を創成（1996年に解散）

ＮＰＯ法人日本針路研究所理事長

季刊『フラタニティ』編集長

宗教と社会主義との共振

2020年12月15日　初版第1刷発行

著　者　　村岡　到

発行人　　入村康治

装　幀　　入村　環

発行所　　ロゴス

〒113-0033　東京都文京区本郷2-6-11

TEL.03-5840-8525　FAX.03-5840-8544

URL http://logos-ui.org

印刷／製本　　株式会社 Sun Fuerza

定価はカバーに表示してあります。 ISBN978-4-910172-03-3　C0014